Comunicação & Discernimento

Solicite nosso catálogo completo, com mais de 300 títulos, onde você encontra as melhores opções do bom livro espírita: literatura infantojuvenil, contos, obras biográficas e de autoajuda, mensagens espirituais, romances palpitantes, estudos doutrinários, obras básicas de Allan Kardec, e mais os esclarecedores cursos e estudos para aplicação no centro espírita – iniciação, mediunidade, reuniões mediúnicas, oratória, desobsessão, fluidos e passes.

E caso não encontre os nossos livros na livraria de sua preferência, solicite o endereço de nosso distribuidor mais próximo de você.

Edição e distribuição

EDITORA EME
Caixa Postal 1820 – CEP 13360-000 – Capivari – SP
Telefones: (19) 3491-7000/3491-5449
vendas@editoraeme.com.br – www.editoraeme.com.br

Comunicação & Discernimento

A maneira mais segura para preservar e fazer evoluir o conhecimento espírita

Ivan René Franzolim

CAPIVARI/SP
— 2012 —

© 2012 Ivan René Franzolim

Os direitos autorais desta obra são de exclusividade do autor.

A Editora EME mantém o Centro Espírita "Mensagem de Esperança", colabora na manutenção da Comunidade Psicossomática Nova Consciência (clínica masculina para tratamento da dependência química), e patrocina, junto com outras empresas, a Central de Educação e Atendimento da Criança (Casa da Criança), em Capivari-SP.

1ª edição – março/2012 – 1.000 exemplares

CAPA | Abner Almeida
DIAGRAMAÇÃO | Antonio do Carmo Martimbianco
REVISÃO | Editora EME

Ficha catalográfica elaborada na editora

Franzolim, Ivan René, 1952-
    Comunicação & discernimento / Ivan René Franzolim. – 1ª ed. mar. 2012 - Capivari, SP : Editora EME.
    184 p.

    ISBN 978-85-7353-481-8

    1. Espiritismo.
    2. Comunicação espírita
    3. Práticas de propagação dos ensinos espíritas.
    4. Espiritismo na mídia. I. Título

CDD 133.9

SUMÁRIO

Prefácio 7
Discernimento 9
Faça do livro um amigo 13
Educar para reformar 19
A caridade está mudando 23
Materialista ou espiritualista? 27
As bibliotecas espíritas esperam seu apoio 33
Você conhece bem o espiritismo? 39
Ler, estudando 43
Leia mais! 47
Estudando o espiritismo 49
O conhecimento espírita precisa se desenvolver ...53
Transforme sua biblioteca em
   centro de conhecimento 61
Comunicação oral e escrita 65
Escreva para a internet 69
A produção do cartaz interno 73
Debates doutrinários 77
Onde está a ética? 79
Eventos espíritas 83

O poder dos meios eletrônicos 87
A motivação sob a ótica espírita 91
A necessária crítica de livros 95
Como avaliar o livro espírita? 99
Escreva resenhas 103
O espiritismo na mídia 107
Centro de estudos 111
Dialogar para aprender 115
Atualização da linguagem 121
A comunicação no centro espírita 129
Falácias 163
A comunicação externa 167
Comunicação assertiva e solidária 173

PREFÁCIO

Algumas palavras sobre esse livro

Este livro é para você que adotou as ideias espíritas como as mais esclarecedoras e com o maior potencial de produzir os melhores resultados para o indivíduo e para a sociedade.

É um convite à reflexão e à ação no campo da comunicação. Reconhece que cada pessoa, independentemente de suas atividades ou aptidões, tem um grande poder de comunicação e, em consequência, de influenciar e ser influenciado.

As inovações tecnológicas tornam qualquer pessoa capaz de produzir comunicação de massa, de atingir milhares de pessoas. As pessoas interagem em círculos cada vez maiores, criticam e defendem causas que fazem sentido ao seu modo de compreender a vida.

A imagem de fundo do livro é o desenvolvimento do discernimento. Para exercer esse poder de comunicação com bom-senso e eficácia, cada um deve exercitar sua capacidade de discernimento tanto para transmitir, quanto para avaliar o que lhe foi transmitido.

Suas páginas mostram o papel de todos na construção do saber coletivo e o compromisso de contribuir para facilitar a vida e o estudo dos que estão chegando.

Convidamos o leitor a ler e reagir ao texto, concordando, discordando e enviando suas críticas, elogios e contribuições, de forma a assumir seu papel de comunicador do mundo.

A editora

DISCERNIMENTO

A maneira mais segura para preservar e fazer evoluir o conhecimento espírita

Discernir é a capacidade de avaliar as coisas com bom-senso e clareza, de separar o que é certo do que é incerto ou duvidoso e suscita maior investigação. É a melhor prevenção contra os danos da ignorância que todos nós estamos sujeitos e que a história tantas vezes exemplifica.

É essa capacidade que os espíritas devem desenvolver para garantir tanto a manutenção do conhecimento espírita, quanto sua evolução com acréscimos e modificações em bases sólidas e universais.

Para ter um bom discernimento não basta, contudo, ter estudado muito. É preciso ter o comportamento de não aceitar nenhum pensamento sem analisá-lo antes, independentemente de quem proceda. De ter vontade de investigar, de confrontar argumentos e raciocínios. Para isso é preciso ter compromisso, em primeiro lugar com a verdade e, em segundo lugar, com a doutrina espírita, o que é salutar também para prevenir exageros e fanatismos.

As casas espíritas devem fomentar o estudo oferecendo organização e método eficazes

Todos podem e devem contribuir para se atingir um nível de excelência no conhecimento espírita interagindo melhor com os meios de comunicação de seu movimento organizado.

As palestras precisam ser ora consoladoras, ora instigantes de modo a aguçar a vontade de conhecer e aprofundar os temas, incentivar a leitura, a pesquisa, o diálogo e o aprendizado. O público deve ser motivado para aprender a exercer o questionamento sério e interessado.

As instituições espíritas devem exercer uma gestão participativa e transparente, baseada no diálogo, abrindo espaço para os trabalhadores e frequentadores comunicarem sua satisfação ou insatisfação com a casa, seus anseios e ideias positivas.

As casas espíritas devem fomentar o estudo oferecendo organização e método eficazes. Devem incentivar a leitura e o estudo de livros espíritas, atualizando sua biblioteca e desenvolvendo campanhas para aumentar a utilização da biblioteca. Devem manter um centro de conhecimento contendo a contribuição cultural de todos os participantes e incentivando a leitura de livros, artigos e pesquisas. Devem manter um centro de estudos para oferecer a continuidade dos estudos para aqueles que já concluíram os cursos.

Os livros devem oferecer análises mais profundas dos

diversos pontos do conhecimento espírita, apresentar propostas, levantar hipóteses, correlacionar com outros conhecimentos. Os romances cumprem sua missão de entreter privilegiando a emoção e transmitindo conceitos e pequenas unidades de conhecimento espírita, embora sem ter esse papel.

Os *sites* e portais são úteis oferecendo a palavra de consolo à distância, possibilitando o acesso a informações das instituições e do movimento, dando oportunidade para conhecer a opinião de outras pessoas sobre diversos aspectos da doutrina, além de dar espaço às análises espíritas dos temas da grande mídia sobre os aspectos sociais de maior repercussão na sociedade. Outra grande contribuição está atrelada à facilidade tecnológica de oferecer na forma digital, jornais, revistas, livros, imagens e vídeos.

A imprensa espírita cumpre seu papel de informar sobre os acontecimentos mais relevantes na sociedade e no movimento espírita com análises de sua repercussão sob o ponto de vista espírita. Buscando sempre em suas análises os outros lados e posições discutindo as ideias e nunca as pessoas.

As revistas podem investir em matérias mais elaboradas e em grandes reportagens, aprofundando um e outro ponto e fazendo despertar o interesse do leitor.

Críticas sérias devem ser bem recebidas pois a boa comunicação não dispensa a compreensão de todos os modos de pensar e sentir.

FAÇA DO LIVRO UM AMIGO

Através deles aceleramos o processo de aprendizado pelas vias do saber e do sentimento

O livro é a ferramenta útil que auxilia a movimentar a máquina cerebral, mantendo equilibrado o fluxo de energia e eliminando o risco de mau funcionamento. Assim como os amigos com quem dialogamos e trocamos experiências, o livro contribui significativamente para a manutenção do bom discernimento.

Um dos maiores patrimônios do homem é a sua conquista cultural, obtida ao longo de seu caminho evolutivo, expressa individualmente em cada mente espiritual e de forma coletiva nos livros. Agimos e reagimos sobre as conquistas morais e culturais, transformando-nos, criando e recriando nas imensas oportunidades de renovação, colocadas a nossa disposição pelo Criador. É assim que temos crescido espiritualmente, desde a aquisição do pensamento contínuo, passando pelos ensinamentos de diversos missionários, particularmente, por Jesus e pela codificação espírita.

Os livros, independentemente de sua forma física ou digital, são como sementes divinas que tratadas com atenção e boa vontade, geram frutos de conhecimento, compreensão e discernimento. Eles são os veículos mais consistentes que possuímos para difundir o conhecimento. Do seu conteúdo afloram experiências de vida, transbordam lições, despertam sentimentos, jorram emoções, geram-se imagens transformando a mente e o coração dos leitores.

Vale a pena selecionar com cuidado os livros que possam ser úteis, pois você não poderá lê-los todos, talvez mil, quem sabe dois mil em uma vida inteira! André Luiz em *Sinal verde* assinala: "Ninguém evolui, nem prospera, nem melhora e nem se educa, enquanto não aprende a empregar o tempo com o devido proveito". Esse é um grande e agradável desafio.

O problema do tempo
Você não tem tempo?! Anda muito ocupado? Saiba que o tempo é fator essencialmente relativo. As pessoas que

menos tempo possuem – são as que mais produzem, basta lembrar-se de Chico Xavier e Divaldo Pereira Franco. A questão envolve interesse, prioridade e o uso da vontade firme em nosso próprio benefício. Pense nisso.

Cada livro vai consumir cerca de três minutos por página vezes 200 páginas em média, ou seja, dez horas de leitura. Isto significa que com cerca de sessenta minutos por dia, não necessariamente ininterruptos, você poderá ler três livros por mês. Em um ano poderão ser lidos, sem muito esforço, trinta e seis livros. Em dez anos trezentos e sessenta. Acontece que só na literatura espírita existem cerca de cinco mil livros. Por isso, aproveite bem o tempo a ser gasto, selecione com cautela as obras e tire delas o melhor proveito. Vamos lá! Mãos à obra e olhos nos livros!

Seja humilde, pois o aprendizado é eterno

Além de escolher bem os livros, saiba como maximizar o resultado de sua leitura, reflita a cada colocação, identifique implicações, julgue a validade, concorde, discorde, assuma sempre uma posição, mesmo que venha a alterá-la inúmeras vezes. Compare os argumentos apresentados com outras obras, faça referências, aplique as ideias adquiridas a outras situações, levante dúvidas, busque as soluções, integre as novas ideias com suas próprias experiências, sublinhe os pontos-chaves, faça anotações e, sobretudo, seja humilde, permita sempre que seus interlocutores possam expor plenamente suas ideias sem a postura de contra-atacar, pois o aprendizado é eterno e a verdade está amplamente disseminada para acompanhar e ajudar a nossa transformação gradual e permanente.

Hábito de leitura

Se você ainda não adquiriu o hábito da leitura, lembre-se que só depende do impulso de sua vontade para começar a ler e desenvolver um bom hábito. Dê uma chance para o seu progresso, considere os hábitos ruins que muitas vezes adquirimos inadvertidamente depois de adultos, como: manter conversações negativas, usar de franqueza impiedosa, dramatizar doenças e dissabores, fumar, dirigir sem cuidado e tantos outros.

Sabemos que os nossos pensamentos plasmam no plano espiritual, pela lei da afinidade, o ambiente em que iremos nos situar na erraticidade (plano espiritual onde os espíritos aguardam a reencarnação). Ora, qualquer leitura positiva e produtiva que fizermos elevará nosso padrão vibratório, favorecendo a emissão de bons pensamentos e melhorando a paisagem espiritual que nos aguarda. Da mesma forma, quando nos concentramos em um texto construtivo, com consequente reflexão, damos oportunidade de o plano superior atuar em nós, limpando o agregado de energias negativas que acumulamos em nossos perispíritos e favorecendo a ocorrência da inspiração e intuição superior para nos auxiliar.

São muitas as vantagens que obtemos quando nos fazemos amigos dos livros. Eles existem nos dois planos e estão esperando pela nossa amizade interessada. Abra-os e penetre na sua intimidade – um mundo novo você vai descobrir! É como se você vivesse vidas diferentes em uma mesma encarnação. A leitura e o estudo de obras construtivas é a maneira mais eficaz de alimentarmos nosso espírito tanto de conhecimento, como de sentimento e transpormos novos degraus no campo da sabedoria universal, rumo à perfeição relativa que nos cabe. Esta é a meta! O verdadeiro amigo é aquele que dá sem esperar receber. Os livros são assim, eles nos facilitam o progresso sem nada exigir – só pelo prazer de dar... Façamos o mesmo! Vamos oferecer nossa amizade sem acanhamento, recebendo em troca o que está por trás das palavras impressas: a experiência da vida.

EDUCAR PARA REFORMAR

*Todo empreendimento requer preparação,
objetivos, disciplina, método e persistência*

O espiritismo defende a necessidade da reforma íntima ou autoaperfeiçoamento, como o esforço imprescindível para manter o espírito na rota ascendente, em cujo horizonte procuramos seguir o rastro de luz deixado por tantas mentes mais adiantadas que nos precederam. Sob o amparo desta Doutrina, o homem tem este cometimento facilitado, em função da amplitude e racionalidade de sua filosofia. Isso não quer dizer, contudo, que esse objetivo de vida não deva ter um esforço educativo.

É natural que nós, aprendizes do conhecimento espírita, queiramos empreender semelhante emenda em nosso âmago, acelerando nosso próprio progresso e nos habilitando a compreender mais a vida e a servir cada vez melhor.

O autoaperfeiçoamento pode ser encarado como uma ponte estreita a nos conduzir no terreno da interação eficaz com a criação, ou do exercício da caridade plena, pois, só com a melhora interior, poderemos exteriorizar ações de bondade efetiva. Convém assinalar, entretanto, que a educação representa as estruturas desta ponte que almejamos transpor, e esta, carece de ser sólida consistente e segura, para que consiga sustentar o peso do nosso estágio evolutivo.

Os livros espíritas são imprescindíveis para a formação educacional do espírita, sobretudo aqueles produzidos por intermédio de Kardec, aqueles oriundos da mediunidade de Chico Xavier cujo destaque é inevitável e, felizmente, tantas outras boas obras existentes, todas ricas em ensinamentos de relação harmônica com a Codificação.

Elas direcionam e motivam os leitores preparados, ao trabalho diligente que sobrepuja o instinto, colaborando na automatização gradativa do comportamento humano com base nos ensinamentos morais cada vez mais elevados.

Esses livros são joias de grande beleza e utilidade, particularmente, para as pessoas acostumadas ao estudo e à reflexão. Todavia, quando adotados para simples leitura, sem o respaldo de um método que assegure um melhor aprendizado, parecem situar-se ao nível do entretenimento, que apesar do seu valor, acha-se distanciado do conceito de educação – mais abrangente, mais difícil, porém mais eficaz.

É preciso que as casas e escolas espíritas se organizem para transformar o processo de aprendizado e de reforma íntima, centrado apenas no esforço individual das criaturas, em um método organizado que consolide os ensinamentos recebidos da Doutrina Espírita, associando-os tanto a outros conhecimentos correlatos, como às experiências pessoais de cada educando.

Não podemos deixar de alertar quanto às dificuldades internas que o espírita dedicado vai encontrar, ao aprofundar nos conhecimentos espíritas. Nem sempre estaremos dispostos a compreender algo que implique em uma mudança de comportamento.

O lado externo também merece alerta quanto aos constrangimentos e obstáculos que a sociedade impõe a quem se dignar a mudar realmente sua forma de pensar e como consequência, melhorar de fato, o seu comportamento.

Os empecilhos costumam se iniciar no lar, com os próprios familiares, passando pelos amigos mais chegados e colegas de todos os tipos de relacionamento. Aí explodem as interpretações confusas, surgem as ironias, as humilhações, palavras de superioridade, olhares de piedade, gestos de indiferença e tantos outros sentimentos inscientes a colaborarem com a marginalização e a rotulação como: fanático, demagógico, hipócrita, estranho etc.

Os candidatos a esta restauração profunda na própria alma, devem antever e se preparar para as pressões que irão enfrentar, sob o risco de vermos multiplicada a fila dos desistentes deste fundamental propósito.

Urge desta forma, a necessidade de se criar um caminho eficaz. O trabalho em grupo parece ser o mais recomendado, principalmente se proporcionar que cada integrante, exponha o esforço positivo ou malogrado de sua própria experiência, absorva parte da vivência dos companheiros de grupo e, sob a coordenação de um orientador, associe os relatos expostos ao conhecimento filosófico-doutrinário adquirido, fazendo surgir dos próprios participantes, a compreensão exata do comportamento mais adequado que devem assumir ao se defrontarem com cada situação. Melhor ainda, se considerar as contingências de cada momento e as condições muito particulares de cada ser.

Mais vale ver todos engajados num esforço vagaroso, porém seguro e persistente na direção do aperfeiçoamento moral, do que assistirmos investidas aleatórias sustentadas por muitas emoções e poucas informações. As decepções despencarão em cascata, conduzindo multidões ao rio da ociosidade, onde terras inférteis aguardam aqueles que consideram o Criador como o único responsável pela nossa evolução e o tempo, como a única profilaxia de efeito. Vamos trabalhar para a eliminação desse raciocínio errôneo que leva tantas mentes à decisão de não empregar qualquer esforço em seu próprio progresso.

Para estudos mais consistentes não podemos desprezar os trabalhos em grupo e individuais e aulas baseadas no questionamento de todos os pontos, fruto natural das mentes interessadas.

A CARIDADE ESTÁ MUDANDO

*Novas formas de fazer a caridade
com competência e bons resultados*

É imprescindível a comunicação para fazermos bem a caridade. Entre os espíritas o modo de exercer a caridade é algo reconhecido pela sociedade e pode melhorar muito mais. Muito espírita ainda pensa que deve fazer tudo escondido. Assim, deixa pela manhã no orfanato 20 quilos de farinha de trigo. Certamente essa pessoa está com a consciência tranquila, satisfeita por ter feito uma boa ação. O orfanato, no entanto, estava precisando de sal, óleo e margarina e tinha tanta farinha que ela estragava, criando bicho. Podemos até pensar que o problema é do orfanato, que deve gerenciar a falta ou excesso de alimentos trocando, por exemplo, com outra instituição. Um pouco cômodo da nossa parte. Toda a responsabilidade para os outros e nenhuma para nós. Ora, **a caridade pressupõe o uso inteligente dos recursos para atender a todos com eficácia**, sem desperdício, inclusive do tempo dos voluntários, que quantas vezes é consumido em ações menos expressivas, deixando de lado tarefas mais produtivas e prioritárias.

Devemos fazer o bem no nível em que estamos capacitados a fazer

É comum o voluntário passar um dia inteiro em uma instituição sem ter feito quase nada produtivo e com qualidade. Esta última, coitada, é costumeiramente deixada de lado, pois tanto o voluntário como a instituição tendem a pensar equivocadamente, que nada se pode exigir de uma doação (cavalo dado não se olha os dentes).

É, muita coisa precisa mudar e felizmente já está mudando para melhor. No princípio pode ser apenas mais um modismo, pois a partir dos anos 90 ficou chique ser voluntário. Nas rodas sociais acabam tendo destaque positivo quem faz algum trabalho voluntário. Para conseguir um bom emprego, muitas vezes é fator relevante.

É o começo. Não podemos esperar que todos iniciem um novo trabalho com um claro entendimento dos problemas sociais, do senso de responsabilidade com a própria sociedade do ponto de vista econômico, social, moral e espiritual. Isso nós alcançamos gradativamente e o espiritismo também tem muito a contribuir, mas não só ele.

Passamos da fase de fazer qualquer bem. Devemos fazer o bem no nível em que estamos capacitados a fazer, sem desprezar nenhuma oportunidade. É preciso ter comprometimento, técnicas, métodos, estratégias, metas, indicadores, avaliações e redefinições. Sobretudo, é necessário buscar sempre os melhores resultados.

No tempo de Kardec, a Sociedade Parisiense de Estudos Espíritas, incentivava apenas a caridade individual que deveria ser feita de forma mais velada possível. Apenas quando o espiritismo penetrou no Brasil é que a forma de fazer a caridade encontrou a sinergia do trabalho em grupo, que oferece mais recursos e gera mais estímulos para a motivação das pessoas em favor do próximo. O foco excessivamente religioso tende a abafar o raciocínio e a análise, gerando paradigmas quase intransponíveis. Quantas vezes escutamos líderes espíritas dizendo que o "importante é fazer o bem". Com isso quer justificar que fazer o bem está na frente de qualquer outra coisa, como o estudo da doutrina, por exemplo. Que o bem deve ser feito de qualquer jeito, pois o que vale é a intenção. Um tanto pior são alguns líderes confusos por seus próprios sofismas, que não aceitam introduzir na instituição espírita nenhuma técnica de administração, planejamento, marketing, qualidade, pois entendem que elas podem deturpar o espiritismo. Falácia. Todas as técnicas, métodos, doutrinas podem ser bem ou mal empregadas. Até na bíblia encontramos passagens mostrando um Deus sanguinário, vingativo que só pode ser agradado com obediência cega, sacrifícios de animais, sangue e até oferecimento de bebidas alcoólicas. É preciso discernimento.

Precisamos continuar a usar também o conhecimento espírita como fundamento de nossas ações, mas sem desprezar tantos outros conhecimentos e experiências que podem contribuir aos nossos propósitos de progredir e fazer progredir com o mínimo de sofrimento e a máxima participação na construção de uma vida melhor para todos. Fora da educação não há caridade eficaz.

MATERIALISTA OU ESPIRITUALISTA?

Apesar de a grande maioria das pessoas seguir uma religião, muitos ainda se comportam como se fossem materialistas

O pensamento filosófico pode ser agrupado em duas grandes correntes: materialista e espiritualista. Todas as religiões são necessariamente espiritualistas. Isso porque acreditam na existência de Deus e no espírito que sobrevive depois da morte.

Os materialistas, por acreditarem apenas na existência da matéria, estão certos que após a morte, não haverá outra vida. Cessando a carga elétrica e a irrigação sanguínea do cérebro humano, será o NADA – o grande vazio. Para eles, o Universo com seu gigantismo e a vida em toda a sua diversidade e complexidade, seriam simples obra do acaso, como se a ousadia dessa explicação, denunciasse mais inteligência do que acreditar na existência de Deus – causa primária de todas as coisas.

Para os espiritualistas espíritas, Deus é a inteligência que está por trás de todas as coisas. Só existe um Deus que é a expressão máxima de amor. Todos os seres possuem uma energia imortal, também conhecida por princípio inteligente. Todos têm objetivos compulsórios de aprender, progredir e conquistar cada vez mais níveis maiores de progresso e felicidade. Ninguém foi criado sem utilidade ou sujeito à derrota total. Todos nasceram vencedores, é apenas uma questão de tempo e aproveitamento das infinitas oportunidades que o Criador nos oferece. Todos colaboram mais ou menos conscientes com o processo contínuo da criação divina.

Para os materialistas, contudo, não há objetivo ou razão para o nascimento de qualquer criatura. As pessoas, como os outros seres, nascem simplesmente, sem nenhum motivo e propósito. Seguindo esse raciocínio, o ser humano é levado a viver intensamente e a buscar os estímulos que lhe dão maior prazer e satisfação, tentando sempre aumentar as sensações agradáveis que pode ter enquanto durar. Os estímulos mais fortes e mais aparentes são os primeiros a serem perseguidos como sendo responsáveis pelo estado de felicidade almejado por todos. Assim, o materialista e outros indefinidos, acabam por fixar unicamente objetivos de conseguir poder e dinheiro para obter mais sensações prazerosas. Nada mais lógico para aqueles que pensam que o corpo é todo o patrimônio que possuem.

A Doutrina Espírita está em oposição natural ao materialismo, posição clara assumida nos livros da codificação que pode causar estranheza hoje, uma vez que pesquisas feitas no Brasil e no exterior demonstram que menos de 5% das pessoas se consideram materialistas. Por que então dar tanta ênfase ao materialismo?

Ocorre então um fato curioso. Muitos espiritualistas, apesar de possuírem valores e compreensão da vida totalmente diferentes dos materialistas, apresentam um comportamento bastante próximo destes, com atitudes profundamente incoerentes com os postulados que dizem acreditar. As suas atitudes descem algumas vezes, ao nível dos materialistas mais exagerados.

Com metas elevadas o homem estimula aquela fonte de energia inesgotável que é a vontade

---

Visão imediatista, super valorização dos bens materiais e da forma física, atração pelas coisas fáceis, interesse pelo vulgar, monoideísmo sexual, são algumas das características mais visíveis.

Por que isso acontece? Pressão sociocultural irresistível? Medo de ser diferente, de ser marginalizado? É difícil resistir aos apelos instintivos que nos envolvem na neblina do comodismo, mas é preciso insistir e concentrar esforços para perseguir metas mais elevadas na vida, uma vez que sabemos que Deus existe, nos ama e nos criou para o progresso e conquista gradativa da felicidade. Com metas elevadas o homem estimula aquela fonte de energia inesgotável que é a vontade, ganhando força para resistir, inicialmente por meio do aumento de conhecimento e o necessário autocontrole dos seus pensamentos e ações, para em seguida, conquistar cada atitude como mais uma transformação interior na trajetória evolutiva.

Naturalmente não se espera conseguir uma grande transformação de imediato. Isso requer tempo e trabalho contínuo. Pequenas atitudes, porém, devem ser o alvo inicial, pois podem ser melhoradas com mais facilidade e dependem apenas da nossa vontade firme.

É uma doutrina para fazer pensar, causar reflexão, aprofundar assuntos, buscar explicações

As crenças e valores espirituais que carregamos em nossas mentes, facilitam a tomada diária de decisões e possibilitam viver com menos sofrimento agora e no futuro.

Assim, o espírita munido de um conhecimento poderoso, tem melhores condições do que outros espiritualistas, para exercer seu autocontrole sem exageros e assumir um comportamento mais coerente com sua visão estendida da vida.

Se isso ainda não está acontecendo com alguns espíritas, significa que não conseguiram assimilar corretamente o conhecimento espírita, havendo muitas lacunas acarretando deduções incorretas, pois, caso contrário, valores básicos como dever, bondade, humildade, fraternidade, tolerância, cooperação etc. estariam consolidados na consciência gerando, até inconscientemente, atitudes mais equilibradas e positivas, muito diferentes daquelas que presenciamos todos os dias fora dos centros espíritas.

É preocupante essa falta de entendimento das consequências morais do espiritualismo, bem como conteúdo moral e doutrinário do espiritismo. Principalmente deste último que não é apenas mais uma religião (ou moral), é uma filosofia ampla e consistente e uma ciência de imenso potencial. Possui cerca de cinco mil livros esmiuçando os mais variados detalhes do seu conhecimento. É uma doutrina para fazer pensar, causar reflexão, aprofundar assuntos, buscar explicações. Parece estar faltando um mínimo de interesse em si mesmo e no futuro ou uma dose saudável de curiosidade intelectual para animar as pessoas a conhecerem mais. Os centros espíritas estão espalhados por todo o país, facilitando o entendimento dos temas e criando oportunidades para o exercício da fraternidade e a prática da caridade. Quando abrem inscrições para cursos e estudos, o interesse não costuma ser grande e as desistências são muitas depois, denunciando a necessidade de mudar a forma de comunicar e a forma de fazer essas atividades.

O espírita deve estar comprometido com seu autoaprimoramento

Compreendendo melhor o conhecimento espírita, ganhamos força interior capaz de buscar naturalmente nosso autoaperfeiçoamento com atitudes espontâneas ou controladas mais coerentes, tornando mais fácil selecionar melhor as músicas e os ídolos preferidos, eliminar o vício de xingar, tratar melhor as pessoas, obter uma postura amadurecida, reduzir o consumo da mídia violenta e banal, melhorar os laços de amizade, o relacionamento entre amigos, irmãos, entre pais e filhos, tornando a si próprio e as pessoas próximas mais felizes, entre tantas outras coisas.

O que está faltando então? Mais empenho dos dirigentes e comunicadores espíritas, melhor didática, técnicas e, principalmente, mais clareza nos cursos e nas comunicações. Cursos precisam ser revistos, palestras modificadas, cartazes e campanhas melhoradas, serviço de atendimento e entrevistas aprimorados. As pessoas precisam entender que a proposta do espiritismo é para cada um conduzir sua vida com objetivos não apenas materiais, mas também voltados para seu comportamento moral. A transformação gradual e consciente de seus pensamentos, valores e ações deve ser perseguida com ponderação, sem exagero ou comodismo. Pois, reconhece-se o verdadeiro espírita pela sua transformação moral e pelos esforços que emprega para domar suas inclinações más. (*O Evangelho segundo o Espiritismo*).

O espírita deve estar comprometido com seu autoaprimoramento assumindo um comportamento ativo e consciente em favor do bem, servindo e sendo útil no caminho que adotou e no nível evolutivo que se encontra. A questão é de decisão, vontade e coerência. Afinal, você é ou não espírita?

AS BIBLIOTECAS ESPÍRITAS ESPERAM SEU APOIO

Você leitor, pode fazer muito pela biblioteca de seu centro espírita. Experimente!

Por detrás da grande evolução que o homem vem experimentando nos últimos séculos, está a capacidade de deixar registrados seus pensamentos, permitindo a quantos quiserem, incorporar ao seu acervo de conhecimentos, a experiência alheia. O conhecimento de hoje está alicerçado no conhecimento de ontem. É assim que construímos o nosso saber.

Os primeiros registros da nossa matéria mental foram inscritos em rochas, monumentos e túmulos. Posteriormente conseguimos copiar pequenos textos em tabletes de argila com rolos de pedra ou madeira, passamos então a escrever em couro, pergaminho, papiro, cerâmica, depois o papel e, em seguida, descobrimos a prensa e por fim criamos o formidável meio simples e eficaz de consolidar e disseminar cultura, favorecendo a comunhão universal de pensamentos: o livro.

Hoje o livro assume a forma digital e pode ser gravado em várias mídias, não variando, porém, a essência desse produto derivado do nosso intelecto.

À coleção organizada desses registros chamamos biblioteca, cuja finalidade maior é proporcionar o acesso ao conhecimento humano e possibilitar, através do raciocínio, construir novos conhecimentos.

Ao adentrarmos o recinto de uma biblioteca, sentimos o contato da mente espiritual com todo o acervo de pensamentos e experiências que seus livros retratam. Daí o nosso respeito imediato e o nosso natural silêncio.

A biblioteca espírita deve merecer nossa especial atenção e zelo em razão da sua enorme contribuição ao enriquecimento das criaturas, não apenas relativo à sabedoria, mas também referente ao sentimento que ela transfere a todos que tiverem sede de saber, satisfeita por poder cumprir sua missão.

Elas estão aí, em toda parte, em geral mal cuidadas, pouco consultadas, apresentando livros em processo de deterioração, cobertos de pó, escondendo muitas vezes verdadeiras joias à espera de um desbravador que queira ver enriquecido o seu tesouro interior.

Seja qual for o meio de registro, desde um simples livro ou um arquivo digital, não podemos nos esquivar de tratá-los com a importância que merecem. É necessário preservá-los, organizá-los, dispondo de mecanismos que facilitem sua consulta e, principalmente, de despertar a atenção e o interesse das pessoas pela sua leitura e estudo.

O principal valor das bibliotecas é poder ser útil ao maior número possível de pessoas

Felizmente, encontramos em quase todas as sociedades espíritas uma biblioteca. Entretanto, qual é o seu estado? A sua utilidade? Em geral estão mal cuidadas, são pouco consultadas e muitas vezes apresentam livros esgotados que são verdadeiras preciosidades, ao lado de obras de valor discutível.

Se a biblioteca da instituição espírita não está cumprindo sua finalidade, devemos mobilizar todos os esforços para reabilitá-la, tendo além da iniciativa, perseverança e criatividade. Não devemos encará-la como concorrente da livraria, pois os melhores compradores de livros são em geral, os usuários mais assíduos das bibliotecas. Uma forma fácil para desvencilharmos desse problema seria culpar a falta de interesse do público frequentador e simplesmente fechar a biblioteca. Todavia, não seria função do centro espírita despertar as pessoas para coisas verdadeiramente importantes, como a leitura de bons livros?

Vamos arregaçar as mangas e valorizar o imenso patrimônio cultural encerrado nos livros espíritas

Temos de cuidar para que as obras estejam catalogadas por título, assunto e autor, facilitando a procura pelos interessados. Temos de registrar mensalmente o número de consulentes, a quantidade de livros retirados para identificar tanto aqueles mais procurados, quanto os menos lembrados. Temos de acompanhar esses números e tomar providências para melhorá-los continuamente. Temos de estabelecer trocas com outras bibliotecas. Temos de pedir a sugestão dos consulentes para a aquisição de novas obras e para a melhoria geral da biblioteca. Temos de criar campanhas periódicas para motivar os frequentadores a lerem mais e se utilizarem da biblioteca.

O acervo de obras espíritas conta com cerca de cinco mil livros, só Francisco Cândido Xavier tem pouco mais de quatrocentos. Mas podemos iniciar uma biblioteca com vinte, cinquenta ou cem livros, dependendo da frequência de pessoas na casa espírita.

O principal valor das bibliotecas é poder ser útil ao maior número possível de pessoas. A evolução da Doutrina Espírita depende, em parte, da forma como tratamos o conhecimento registrado nos livros e em outros meios, bem como da maneira como facilitamos e motivamos seu acesso. Vamos intensificar nossa ação e emprestarmos toda a colaboração necessária para que as nossas bibliotecas possam atingir plenamente seus objetivos.

As instituições com bibliotecas bem organizadas e consultadas podem ampliar sua utilidade transformando-a em centro de conhecimento.

Em que situação se encontra a biblioteca do seu centro espírita? Sempre será possível maximizar os seus resultados. Vamos arregaçar as mangas e valorizar o imenso patrimônio cultural encerrado nos livros espíritas, lembrando que é a partir dos seus ensinamentos que pretendemos trabalhar pelo nosso progresso e conquistarmos o progresso de todo o planeta.

VOCÊ CONHECE BEM O ESPIRITISMO?

E como esse conhecimento está sendo útil?

A leitura de alguns livros e os anos de militância no âmbito da doutrina nos induz a julgar que a conhecemos bem e, o que é pior, a pensar que quase nada há para ser descoberto ou que valha a pena ser esmiuçado para encontrar novos entendimentos. Isto é falta de discernimento!

O espiritismo é uma doutrina evolucionista. Emerge à superfície do entendimento humano com a lei de evolução, informando que todos os espíritos estão fadados ao aprendizado infinito.

Alicerçado em bases sólidas – filosofia, ciência e consequências morais, o espiritismo abrange naturalmente um contingente muito extenso das áreas do conhecimento humano, tornando difícil a tarefa de compreendê-lo nesta concepção holística, pois requer do interessado uma enorme cultura geral, isenção de preconceitos e grande capacidade de estudo com método e disciplina.

A consciência de que falta muito a aprender, torna o seu detentor mais predisposto a ouvir os companheiros e necessitados, sem respostas prontas, sem explicações simplistas e generalizações, mas analisando caso a caso, observando os fatos e procurando adequá-los aos ensinamentos espíritas com ponderação e vontade de ajudar.

Ao se deparar com os intrincados problemas da existência humana e, inquirido quanto às causas dos sofrimentos alheios, deveria, vez por outra, responder com um humilde e grandioso: não sei!

É importante também, distinguir um trabalho baseado no conhecimento de uma simples opinião. O primeiro é fruto de uma linha de raciocínio estruturada, resistente a uma sondagem mais profunda, feita a partir de métodos estabelecidos na ciência e na filosofia. A segunda é uma emissão momentânea de pensamento, fincada na experiência pessoal como resultado de influência emocional e não necessariamente compromissada com os critérios de investigação e comprovação.

O espírita consciente não deveria afirmar ou demonstrar com falsa modéstia que conhece com profundidade a doutrina, mas assinalar que se empenha no estudo e na prática, para conhecê-la um pouco melhor a cada dia.

Estejamos conscientes de que a doutrina chamada na erraticidade de eterna possui em seu bojo, o manancial de ensinamentos altamente esclarecedores e a rota luminosa capaz de nos conduzir, pelo caminho mais curto, aos diversos campos de trabalho em que nos faremos mais úteis. Temos um arranha-céu a construir. A fundação já está pronta e é de excelente qualidade, o edifício, porém, não prescinde do serviço executado por humildes, mas capacitados operários, em constante processo de aprimoramento por seu próprio esforço e vontade na escola da vida.

LER, ESTUDANDO

Pelos ensinamentos existentes, muitos livros espíritas e até romances deveriam não apenas ser lidos, mas estudados

Todos os livros encerram informações e conhecimentos de grande valia para os leitores. Os livros espíritas cumprem esse papel, muitas vezes em forma de história e romance, trabalhando raciocínios, conceitos e ideias, caracterizados pela ótica espírita e vinculados a muitas outras áreas do conhecimento humano.

É importante então, não apenas ler, mas estudar todo o livro espírita que cair em nossas mãos, principalmente se estivermos frequentando cursos de espiritismo.

Os livros contêm informações valiosas para completar o conhecimento, reforçar e ampliar conceitos e nos ajudar a escolher melhor aquilo que nos interessa e pode nos ser útil. Por isso, devem ser alvo de uma cuidadosa seleção para evitar consumir nosso tempo com obras de pouco conteúdo ou com potencial para confundir e levar a interpretações perniciosas.

Antes de iniciar a leitura, procure ler as contracapas. Elas falam geralmente do autor, da entidade espiritual (quando houver) e do plano da obra. Analise o autor. Ele é conhecido por qual obra? Qual o seu estilo? Qual sua especialização? Quais suas temáticas preferidas? Sua argumentação é consistente e é coerente com a codificação? Levanta hipóteses de trabalho com critério e ponderação? Sua postura é inflexível como dono da verdade? Tudo isso são informações úteis para escolhermos um livro que realmente nos traga mais benefícios.

Nas primeiras páginas você encontrará o ano em que o autor entregou o livro à editora (*copyright*), o ano da primeira edição, o número da edição atual e a quantidade de exemplares impressos (tiragem). A partir daí você poderá inferir a atualidade da obra e sua possível aceitação pelo público.

Veja o prefácio e quem o assina. Trata-se de uma apresentação do livro ao leitor, na qual o apresentante enaltece o que ele considera como pontos principais, podendo até destacar alguns trechos em que possui uma abordagem diferente. Algumas vezes o próprio autor faz a apresentação, informando os objetivos, esclarecendo premissas adotadas, dificuldades encontradas e contribuições recebidas.

No final do livro você deve encontrar a bibliografia. Esteja atento, por meio dela você pode deduzir sobre a qualidade do livro e conseguir boas indicações de novos livros para ler.

Uma vez que você decidiu qual livro ler, leia estudando e aumente seu poder de discernimento. Levante hipóteses, mas deixe o autor mostrar todo o seu raciocínio antes de fechar questão. Reflita a cada parágrafo procurando argumentar contra e a favor. Pesquise e confronte as ideias. Estabeleça novas conexões. Desenhe uma chave em toda definição encontrada; coloque interrogação ao lado do parágrafo que deixou dúvidas; coloque exclamação quando te empolgar; anote por que discorda; sublinhe os textos mais importantes; escreva sua contribuição ao assunto; aponte correlações; aja como se estivesse conversando com um amigo. Bom proveito.

LEIA MAIS!

Saiba administrar melhor o seu tempo e obter melhor resultado com a leitura

Desenvolver o hábito da leitura é uma importante decisão que você pode tomar em favor de seu próprio progresso. Por meio da leitura você vai multiplicar seus conhecimentos e enriquecer suas experiências, tanto intelectuais, como emocionais – aproveitando melhor a vida. O tempo é curto para tanta coisa possível de ser feita. Atualmente o tempo parece ainda mais escasso. Geralmente usamos a falta desse recurso com desculpa por não ter feito muitas coisas, paradoxalmente, vez por outra acabamos conhecendo pessoas muito ocupadas que encontram tempo para fazerem coisas que deixamos de fazer por falta de tempo.

Saiba como anda o seu hábito de leitura. Faça o teste abaixo e avalie você mesmo.

Quantos livros você lê por ano?

Alternativas	Avaliação
a) até 5	ruim
b) entre 6 e 12	regular
c) entre 13 e 24	bom
d) entre 25 e 48	ótimo

Este teste foi desenvolvido levando em conta as pessoas que dispõem de pouco tempo, trabalhando de dia e estudando de noite. Em uma semana o leitor pode ter a seguinte disponibilidade de tempo:

15 minutos ao acordar ou deitar x 6 dias	90
15 minutos no almoço ou jantar x 5 dias	75
15 minutos antes ou após o trabalho x 5 dias	75
60 minutos no sábado, repetidos no domingo	120
Total	**6 horas**

Com este exemplo de uso do tempo, o leitor ganha seis horas produtivas e poderá ler um livro de 120 páginas por semana, quatro por mês e quarenta e oito por ano! Isso sem contar os minutinhos de leitura que qualquer pessoa pode ter em suas idas ao banheiro.

Quando se lê pouco, geralmente é por falta de costume. Se você está nesta situação, considere a opção de cultivar um bom hábito. Adote o objetivo de aumentar a leitura de livros – os benefícios serão só seus. Bom proveito.

ESTUDANDO O ESPIRITISMO

"Quem deseje tornar-se versado numa ciência, tem que a estudar metodicamente, começando pelo princípio e acompanhando o encadeamento e o desenvolvimento das ideias."

Allan Kardec

Visitando certa vez um centro espírita, fiquei sabendo que seus frequentadores estudavam a doutrina há mais de vinte anos. Surpreso positivamente, indaguei como ocorria esse estudo.

— Lendo na reunião pública semanal, uma pergunta

ou trecho de um livro da codificação e abrindo para comentários pelos participantes.

Ora, a Doutrina Espírita sendo abrangente e profunda, não pode ser bem compreendida com leituras aleatórias, desordenadas, fora de um contexto didático ou metodológico, com interpretações empíricas, confundindo opiniões com conhecimento, desvinculada dos processos de análise que correlacionam a estrutura teórica da Doutrina com outras áreas do conhecimento humano, desvendando assim o verdadeiro sentido dos conceitos e ideias apresentadas.

Vejam o que diz Kardec na mesma referência já citada: *"Que adiantará aquele que, ao acaso, dirigir a um sábio perguntas acerca de uma ciência cujas primeiras palavras ignore? Poderá o próprio sábio, por maior que seja a sua boa--vontade, dar-lhe resposta satisfatória? A resposta isolada que der, será forçosamente incompleta e quase sempre, por isso mesmo, ininteligível, ou parecerá absurda e contraditória."*

Essa forma de estudo ainda presente no movimento espírita, é tida equivocadamente como método de estudo voltado à compreensão das pessoas simples. Grande engano. Trata-se na verdade, de uma técnica válida apenas para divulgar pequenas mensagens e conceitos simples, muito útil no âmbito específico das reuniões públicas.

Não devemos, portanto, usar dessa técnica para se desenvolver um programa de estudo doutrinário, que naturalmente, pressupõe a transmissão fiel, ampla, consistente e interativa do conhecimento espírita.

Uma doutrina que procura investigar e esclarecer as leis naturais que regem o Universo, tanto na dimensão material como espiritual, não é, por sua própria natureza, uma doutrina fácil de compreender. Não pode, pois, ser estudada superficialmente, nem ensinada por pessoas pouco preparadas.

Não se trata de querer complicar, mas de se precaver contra a excessiva ou ingênua simplificação. Esta, sim, poderá levar a problemas maiores.

Em *Obras Póstumas* Kardec revela o seu projeto sobre o assunto. Vejam:

"*Ensino Espírita*
Um curso regular de espiritismo seria professado com o fim de desenvolver os princípios da ciência e de difundir o gosto pelos estudos sérios. Esse curso teria a vantagem de fundar a unidade de princípios, de fazer adeptos esclarecidos, capazes de espalhar as ideias espíritas e de desenvolver grande número de médiuns. Considero esse curso como de natureza a exercer capital influência sobre o futuro do espiritismo e sobre suas consequências."

Existem muitos cursos bons, bem estruturados, testados e que podem ser adaptados às características de cada sociedade espírita. Outros podem ser criados pela própria instituição com o cuidado de remeter os estudantes sempre às obras da codificação.

Nós espíritas, navegamos na mesma corrente de pensamento que acredita no conhecimento espírita e na sua força para transformar o homem. Muitas vezes ficamos ansiosos devido à lentidão com que ocorrem os bons resultados ou temerosos pela rapidez com que se propagam os ruins. É natural.

A transmissão do conhecimento espírita e até as suas práticas precisam se adequar ao conhecimento e avanços tecnológicos da sociedade contemporânea. Sem essa adequação, a comunicação espírita estará contaminada com elementos de uma cultura própria e distanciada da realidade, que pode afetar o entendimento real dos seus próprios ensinamentos. A comunicação não harmonizada com seu público apresentará resultados insuficientes. O desafio é identificar o que deve ser ajustado sem comprometer a integridade e o objetivo da disseminação do conhecimento espírita.

Novidades são interessantes na medida em que chamam a atenção e criam uma predisposição favorável, podendo gerar uma transformação salutar em nosso entendimento e no modo de fazer as coisas, desde que não conflite com o conhecimento espírita. Muitas delas, porém, são vazias, não têm consistência e perdem harmonia se analisadas mais profunda e imparcialmente. Ah! E como é difícil ser imparcial! Plenamente será difícil conseguir, mas devemos fazer um esforço consciente para poder aproveitar o que é bom, pois, felizmente, as coisas boas não são exclusividades de nenhuma doutrina ou filosofia.

Outras novidades são relativas apenas à forma de comunicar de uma época e lugar, geralmente caracterizadas por uma tecnologia mais avançada que deve ser incorporada nas atividades espíritas, como o uso de projetor multimídia, vídeos, grupos de relacionamento.

O CONHECIMENTO ESPÍRITA PRECISA SE DESENVOLVER

Kardec iniciou uma obra que corre o risco de ficar estacionada ou crescer muito lentamente mais sob a ação do tempo ou dos espíritos, do que dos homens

O movimento espírita precisa estar consciente da importância de se organizar e estruturar mecanismos de incentivo ao aprofundamento do conhecimento espírita, à pesquisa e à investigação por parte das instituições espíritas habilitadas, oferecendo alternativas de viabilização. Neste campo a carência é geral, desde um levantamento bibliográfico por assunto até uma avaliação metódica dos efeitos do passe.

Embora o espiritismo esteja alicerçado em bases morais (ou religião), filosofia e ciência, esta última tem recebido menos atenção, fazendo com que os espíritas continuem utilizando o mesmo referencial científico do século retrasado, quase nada construindo nos últimos anos. A situação fica ainda pior, considerando o avanço científico que o homem está vivendo em todos os segmentos do conhecimento.

> O espiritismo não está incluído no acervo
> do conhecimento humano como ciência,
> nem mesmo é reconhecido como filosofia

A filosofia espírita também não tem recebido esforço para o seu desenvolvimento. Existem alguns cursos de espiritismo, mas não se tem notícia de grupos com amplo conhecimento da doutrina, organizados com o objetivo de aprofundar o que já se sabe, identificando as lacunas existentes e as eventuais alternativas de complementação para serem submetidas a uma aprovação universal, como ocorre na ciência, onde diariamente há novas descobertas.

Do ponto de vista da comunidade científica, o espiritismo não está incluído no acervo do conhecimento humano como ciência, nem mesmo é reconhecido como filosofia. O que está faltando para isso? A confirmação dos fenômenos por que método de trabalho? Por quais técnicas? Talvez esteja faltando, antes de qualquer especificação, que os espíritas possam efetivamente assumir a ciência espírita. A questão é: o que realmente pode ser feito para gerar ações concretas em favor da ciência espírita?

A codificação menciona a necessidade da doutrina espírita, assumir o seu papel como ciência que estuda as leis que regem o espírito, utilizou para isso, o método científico teórico-experimental (vigente na época). O codificador também deixa claro que o espiritismo deverá sempre acompanhar a evolução de todos os ramos da ciência, aperfeiçoando e adequando seus conhecimentos nos pontos que se fizerem necessários.

Parece inadequada a atitude de deixar a pesquisadores agnósticos ou mesmo a individualidades isoladas do movimento espírita, a responsabilidade de desenvolver a ciência espírita, empregando métodos científicos na investigação dos fenômenos paranormais. É este desleixo que vem permitindo a pressão de grupos que desejam a mudança da doutrina, de qualquer forma, mesmo perdendo sua consistência, incorporando ideias e conceitos prematuros, para não dizer imprecisos, contraditórios e de consequências até funestas para a doutrina.

Disse Kardec: "... *a doutrina não foi ditada completa, nem imposta à crença cega; porque é deduzida, pelo trabalho do homem, da observação dos fatos que os Espíritos lhe põem sob os olhos e das instruções que lhe dão, instruções que ele estuda, comenta, compara, a fim de tirar ele próprio as ilações e aplicações.*"
[*A Gênese*, Capítulo I, número 13]

A mediunidade de efeitos físicos é um bom exemplo do descaso com a ciência

É preciso criar condições para o desenvolvimento do conhecimento espírita, dentro do movimento espírita. Não é imprescindível ser doutor em ciências ou filosofia para fazer este trabalho, embora certamente possamos contar com alguns. Muitas atividades podem ser realizadas com uma simples orientação ou pelo fornecimento de um método de trabalho explicitado por técnicas específicas.

A mediunidade de efeitos físicos é um bom exemplo do descaso com a ciência. Em pesquisa feita com as federações do país, recebemos como resposta: "essa mediunidade já teve sua importância"; "estamos preocupados com a evangelização"; "o espiritismo não precisa provar nada" e outras frases sofísticas que denotam preconceito, ignorância ou confusão.

Em consequência, muitas casas espíritas não sabem como proceder diante de colaboradores que manifestam esse tipo de mediunidade. Na falta de uma orientação de como utilizar adequadamente esse recurso, acabam por deixar atrofiar essa capacidade de trabalho, como se a mediunidade fosse adquirida ao acaso, sem a interferência de espíritos superiores, interessados no melhor aproveitamento das encarnações e na disseminação do conhecimento. Resultados mais lastimáveis ainda podem advir da ausência de esclarecimento, como a sua utilização destituída de preparo, de conhecimentos e até mesmo divorciada da causa espírita.

Até mesmo a mediunidade mais comum de psicografia sofre com a falta de discernimento das casas espíritas que não sabem o que fazer com os médiuns que aparecem e, quando fazem, acabam estimulando a produção de livros sem conteúdo e utilidade.

Seis centros já realizaram 4.500 reuniões de materialização, com mais de sete mil horas

Usamos e abusamos do referencial sobre o assunto, oriundo da iniciativa de sábios e cientistas do século passado, a maioria descompromissada com o espiritismo. Por outro lado, o Brasil possui no histórico do século passado, vasto material de estudo e de referência, sejam estas experiências boas ou más. Haja vista as mediunidades marcantes de Eurípedes Barsanulfo, Ana Prado, Carmine Mirabelli, Francisco Peixoto Lins, João Rodrigues Cosme, José Pedro de Freitas, José Correa Neves, Otília Diogo e muitos outros ilustres desconhecidos que se dedicaram com amor, às vezes por decênios, sem que essa experiência seja aproveitada para estudo ou, pelo menos, respeitada pelos confrades.

Podemos citar seis centros que já realizaram cerca de 4.500 reuniões de materialização, totalizando mais de sete mil horas de contato físico e direto com os espíritos. Que estudos foram feitos nessas? Quem estudou seus trabalhos? Que utilidade teve para a doutrina?

Referencial brasileiro em efeitos físicos

Nome da Instituição	Início-Fim	Anos	Reuniões
1 Centro Espírita Padre Zabeu	1945-1985	40	1800
2 Assoc. Cristã Pe. Z. Kauffmann	1952-1986	34	1500
3 Templo do Cristianismo Espírita	1956-1986	30	700
4 Centro Espírita Irmão Geraldo	1960-1970	10	100
5 Casa dos Espíritos	1966-1989	23	200
6 Núcleo Espírita Irmão Kamura	1963-1989	26	200
Total 163		4.500	

André Luiz transmitiu alguns conhecimentos, ainda parciais, que nos auxiliam a melhor compreender os ensinamentos de Kardec sobre o ectoplasma. Parece tratar-se de substância situada entre os limites da matéria e do espírito, derivada do fluido vital que por sua vez, deriva-se do fluido cósmico, absorvido no ato de pensar e transformado pelo teor dos nossos pensamentos, passando a energizar e a enviar comandos para a manutenção de todas as unidades celulares do corpo, além de criar nosso campo energético onde se manifesta a ideoplastia.

Os fluidos positivos que o ser humano pode doar como forma de caridade, variam bastante em sua tipologia. Entre eles temos o ectoplasma ou seus derivados. Graças a essa substância, exalada dos nossos poros nos momentos de prece e concentração em objetivos elevados, os espíritos especializados conseguem levar muitos benefícios aos necessitados: auxiliando os processos de vidência, criando quadros para orientação de entidades em desequilíbrio, atuando no tratamento de saúde do corpo humano, agindo diretamente no perispírito, materializando, transfigurando, levitando, transportando, tornando visíveis objetos e aparelhos espirituais, além de atuar na possível transmutação de elementos físicos. Apenas nesse exemplo, fica claro o quanto ainda temos a estudar e pesquisar.

Um caminho para reviver a filosofia e a ciência espírita, poderia ser a criação de departamentos inseridos no contexto das organizações espíritas, voltados para o estudo mais profundo da doutrina, para a pesquisa e a investigação dos fatos espíritas. Seria um começo.

A constituição desses departamentos estaria condicionada a algumas exigências básicas:
- Adotar um modelo padrão de estrutura e organização administrativa;

- Acolher como integrantes os colaboradores que tenham base doutrinária;
- Utilizar metodologia científica para desenvolvimento e registro dos estudos e pesquisas;
- Desenvolver os trabalhos, tomando por base as obras de Kardec.

Poderia ser criado um órgão centralizador e orientador na esfera federal, estadual ou regional, preferencialmente ligado com uma universidade. Suas atribuições básicas seriam:
a) instigar o gosto pelo estudo em base científica;
b) cadastrar e orientar os grupos fornecendo instruções e materiais;
c) consolidar estudos e pesquisas semelhantes;
d) favorecer e coordenar o intercâmbio de informações;
e) divulgar os resultados obtidos quando validados por todos dos grupos.

Obedecendo a uma metodologia padrão, as casas espíritas que possuíssem os requisitos mínimos a serem estipulados, integrariam uma rede de comunicação com os órgãos centralizadores, enviando e recebendo periodicamente informações. Com isso seria criado um ciclo, onde a informação é matéria-prima e produto desse sistema, propiciando um constante desenvolvimento e colaborando na homogeneização dos conhecimentos.

Mas isso ainda não basta. É preciso finalmente, o empenho conjunto das Federações, Uniões, Institutos, Associações e da Imprensa Espírita, na divulgação e incentivo das atividades de estudo e pesquisa na doutrina espírita.

A mediunidade de efeitos físicos é um bom exemplo

do não aproveitamento de fenômenos ocorridos, pela quase absoluta ausência de estudos sérios, profundos e científicos. Vamos reativar o gosto pela filosofia e a prática da ciência espírita, para equilibrar o tripé em que o espiritismo está alicerçado.

TRANSFORME SUA BIBLIOTECA EM CENTRO DE CONHECIMENTO

*Qualquer saber deve ser compartilhado,
enriquecido para aumentar sua utilidade*

No momento em que desponta a gestão do conhecimento, passando a valorizar o saber individual e o coletivo como o capital intelectual das organizações, se torna oportuno proceder algumas mudanças para colher os benefícios que essa estratégia propicia.

As bibliotecas dos centros espíritas, por uma razão ou por outra, mais se assemelham a depósitos de livros usados. Reconhecendo a existência de exceções, as bibliotecas espíritas costumam ser um lugar apagado, sem vida, no qual não se faz nenhum esforço para torná-lo mais agradável, mais interessante de modo a aumentar seus usuários e dar maior dinamismo às suas atividades.

Em decorrência dessa atitude, muitas bibliotecas são fechadas e quem percorre os sebos verifica muitos livros com o carimbo de uma biblioteca espírita extinta.

A biblioteca espírita cumpre ou deveria cumprir objetivos estratégicos de comunicação do conhecimento espírita para o público interno. Faz parte de uma série de ações e atividades voltadas a facilitar o acesso e a compreensão das ideias espíritas. Deve ser encarada como uma parte importante que viabiliza uma construção maior.

A gestão do saber, outro nome da gestão do conhecimento, oferece uma nova abordagem, bastante mais ampla e dinâmica, propondo transformar a biblioteca em centro de conhecimento, mais apropriado para as organizações que realmente desejam aprender.

Não se trata de mera retórica, ou simples mudança de rótulo. Trata-se de considerar cada participante da organização, qualquer que seja sua atuação, como uma fonte de saber individual e uma parcela significativa do saber coletivo da própria organização, ajudando a formar sua história e sua cultura. Mais do que isso, trata-se de incentivar e criar motivações renovadas para a contribuição efetiva e periódica de todos os colaboradores que compõem sua força de trabalho.

*Com o centro de conhecimento,
talentos são despertados,
as pessoas são valorizadas*

No centro de conhecimento os livros também estão lá, bem como as mídias de suporte de dados, áudio e filmes, os jornais, boletins e revistas, mas também os relatórios de gestão, os estudos individuais e de grupos, os resumos de palestras, apresentações visuais, fotos, ilustrações, biografias, depoimentos, entrevistas, reportagens, levantamentos, pesquisas, teses, dissertações acadêmicas, artigos, poesias, e todo material relevante que contenha informações de interesse para a organização.

Todos que participam de algum modo de um centro espírita são convidados e estimulados a deixarem sua contribuição no centro de conhecimento. Seja uma bibliografia, um *clipping* de notícias, um *release*, uma resenha de livro, anotações de uma palestra, estatística, reclamação, sugestão, desenhos feitos pelas crianças durante as aulas e tantas outras produções artísticas e intelectuais. Tudo é informação. Tudo contribui para o conhecimento individual e coletivo.

Esse amplo material deve ser indexado com o auxílio do computador, facilitando e tornando ágil sua busca. Campanhas devem ser feitas periodicamente para incentivar as contribuições do saber individual e as consultas ao saber armazenado visando à produção de novos saberes.

Com o aumento da receptividade e um pouco mais de recursos, a organização pode criar uma sala de leitura e estudo, posições para áudio e vídeo, criar grupos de discussão na internet.

Com o centro de conhecimento, talentos são despertados, as pessoas são valorizadas, tendem a se dedicar mais à reflexão, ao estudo, à troca de conhecimentos, à melhoria da sua capacidade de discernimento, sem deixar de agir em coerência com os postulados espíritas, cujo acervo de conhecimentos não está acabado, só aceitando as ideias após estudar, comparar, verificar sua lógica e consistência.

COMUNICAÇÃO ORAL E ESCRITA

Tudo na vida deve ser aperfeiçoado até
a forma como falamos e escrevemos

O homem primitivo teve uma evolução bastante lenta, quase estática, desde sua primeira concepção como hominídeo (australopiteco) há cerca de seis milhões de anos. Somente há recentes 40 mil anos ocorreram grandes mudanças na fabricação e uso de ferramentas, armas e roupas, utilização de metais, agricultura, domesticação de animais, expressão artística, organização social.
Esse salto evolutivo se deve à capacidade de comunicação. Estudos identificaram que os seres anteriores aos Cro-Magnon (homo sapiens), tinham traços anatômicos iguais aos dos primatas que os impediam alcançar os sons necessários para a fala humana. A facilidade de se comunicar pela linguagem oral e escrita foi o principal fator de sobrevivência e progresso do ser humano.
A comunicação verbal e escrita é indispensável à vida social das pessoas. Com ela um indivíduo pode compar-

tilhar seus pensamentos com os outros ampliando o saber cultural.

O ser humano já nasce com a potencialidade de se comunicar de todas as formas, inclusive pela escrita. Aprenda a gostar de escrever. Você vai ficar muito satisfeito com seu desenvolvimento.

O gosto de escrever está latente, esperando um estímulo, uma vontade que o faça germinar, crescer e gerar frutos que irão satisfazer muitas necessidades de comunicação.

Linguagem é um sistema de signos destinado à comunicação social. A linguagem tem como funções básicas estruturar o pensamento e permitir sua comunicação. Pode ser escrita ou falada.

A linguagem pode ser voltada para literatura proporcionando sensações estéticas agradáveis ou até prazer espiritual e pode ser voltada para o aspecto prático da necessidade de se comunicar no dia a dia.

Toda pessoa deveria saber usar a linguagem para desempenhar seu papel social. É um instrumento tão importante, tão fundamental que responde pelo sucesso ou fracasso de inúmeras iniciativas.

Há diferenças significativas entre a língua falada e a língua escrita. Quando falamos contamos com mais recursos que facilitam o entendimento das nossas ideias e a captação das emoções, como o timbre de voz, a entonação das frases, os gestos e a expressão fisionômica.

É natural que o processo de comunicação se torne mais agradável com a presença física dos interlocutores. O ser humano gosta de perceber o outro ser humano nas mensagens comunicativas. Mesmo à distância, o receptor procura lembrar ou até criar a imagem do autor.

Na exposição escrita as pausas e variação da entonação das palavras nas frases são recriadas pelo leitor e sofrem variações não controladas que podem ressaltar ou mudar o sentido original. Na exposição falada os ouvintes se concentram mais nos sentidos do que na forma. Toleram normalmente certa redundância que não admitiriam no texto escrito.

Desde suas primeiras manifestações como homem primitivo, o ser humano primeiro desenvolveu sua memória auditiva. Demorou muito tempo para o homem desenvolver sua memória visual por meio de sinais gráficos. Na memória visual a mente cria uma audição interna estimulada pelos significados conhecidos dos símbolos gráficos.

Enquanto a comunicação auditiva é rapidamente perdida exigindo concentração voltada para compreensão, a comunicação escrita permanece à disposição do leitor permitindo, a qualquer momento, análise mais apurada do seu conteúdo, isto é das ideias e sentidos que busca transmitir, mas também da sua forma. Assim, algumas incorreções que passariam despercebidas pelo ouvinte, ganham proeminência, saltando aos olhos dos leitores. O perigo é a associação de coisas que possam prejudicar o propósito da comunicação, despertando inferências do tipo: o autor não tem boa formação, boa cultura, não tem cuidado com as palavras e pode estar querendo passar ideias incorretas ou inverdades.

Tipos mais comuns de comunicação escrita:
- Dissertação é uma exposição, discussão ou interpretação de determinada ideia.

- Descrição é a enumeração de caracteres de coisas e seres existentes no mundo real (físico e psicológico), ou no mundo da imaginação.
- Narração é a representação de fatos reais ou fictícios utilizando palavras.

Ao escrever você se individualiza, se distingue do universo de pessoas e cria uma forma de perpetuar o seu pensamento, o seu modo de ver e sentir a vida, contribuindo para o acervo cultural da humanidade.

Uma comunicação objetiva transmitir um sistema de pensamento que pode ser definido como: um ordenado e coerente arranjo de ideias e crenças a respeito de determinado assunto. Como essa transmissão necessita ser compreendida pelos receptores, a escrita precisa se valer das regras convencionadas de ortografia, gramática e lógica, para permitir a manutenção dos sentidos originais.

Para que suas ideias sejam bem recebidas, leve em conta que as pessoas possuem uma predisposição favorável a tudo que compreendem ou, pelo menos, já tenham constituído uma crença, e uma predisposição desfavorável para aquilo que contraria sua crença ou neutra para o que não compreendem.

Ao abordar temas com possíveis objeções, estruture seu texto de modo a refutar as objeções de maneira imperceptível, oferecendo a oportunidade de o próprio leitor concluir favoravelmente sobre cada ideia. Não se mostre radical, inflexível, pois isso cria o reflexo mental condicionado de rejeição, suspeita ou prevenção.

ESCREVA PARA A INTERNET

*Participe do grande diálogo mundial
proporcionado pela tecnologia*

Estamos vivendo uma grande mudança no hábito de escrever. Meu avô escrevia com pena ou caneta tinteiro, meu pai em máquina de escrever mecânica. Eu aprendi em máquina de escrever elétrica, passei para o computador e em seguida para a rede de computadores. A cada dia ficam mais claras as vantagens do texto digital (suporte eletrônico), sobre o texto tradicional (suporte em papel), como:
- é ecologicamente mais adequado;
- pode ser usado em tempo real;
- facilita e incentiva a integração total com os textos, a ponto de transformá-los a partir de suas próprias ideias;
- permite uma reedição para adequar às necessidades estéticas de cada pessoa;
- possibilita que cada pessoa possa atuar em funções

que antes eram excludentes, como de autor, editor e leitor. Compartilhe suas experiências e conhecimentos. Aproveite a grande oportunidade que a tecnologia está oferecendo para facilitar relacionamentos e aumentar o diálogo cultural entre as pessoas de todo o mundo. Escreva artigos, participe de fóruns, escreva e-mails. Relacione-se. Lembre-se que o ambiente da internet é marcado pela pressa e abundância de informações para ser selecionada. Seja claro, vá direto ao ponto, não divague além de uma ou duas frases e depois de colocações que você sabe que prendeu seu leitor.

Use linguagem informal, frases curtas, parágrafos breves. A grande rede aprecia o uso de metáforas e do humor.

Conhecer bem o assunto de seu futuro texto é imprescindível para você conseguir atrair e manter a atenção dos leitores, mas não busque apenas isso, busque sobretudo encantar seus leitores com algo novo.

Familiarizado com o assunto você consegue criar, brincar com as ideias e palavras e aplicar certa cota de humor que é importante na rede mundial de computadores.

Não pense que quem escreve tem obrigação de escrever algo fantástico, inédito. Todos os jornalistas e escritores procuram essa oportunidade. Procure, contudo, oferecer aos seus leitores um modo diferente de pensar, analogias e exemplos instrutivos, texto agradável e atrativo.

As pessoas gostam de ler sobre seus assuntos preferidos. Sendo um texto bem construído, leve e inteligente como pede esse canal de comunicação, os leitores "internautas" terão prazer em ler.

Escreva seu texto dirigindo-se a um leitor, chame-o de você. Seja simples, seja sincero. Não demonstre estar escondendo algo, pois ninguém gosta de se relacionar com quem parece estar desconfiado. Fuja de demonstrações explícitas de "dono da verdade". Nada mais chato. Mostre que deseja compartilhar experiências e conhecimento, que conhece o que escreve e está disposto também a aprender.

Criar um texto simples não significa oferecer ao seu leitor apenas a mesmice letárgica do vocabulário cotidiano, surpreenda-o com uma palavra, uma frase mais trabalhada que transmita algo de arte, de poesia ou de inteligência. Algo que acelere os neurônios e crie um clima de satisfação íntima.

Use plenamente o recurso do hipertexto. Permita ao leitor ter vários níveis de leitura de seu texto. Essa é a dinâmica da internet.

A PRODUÇÃO DO CARTAZ INTERNO

*Um simples cartaz pode ser muito eficaz.
Saiba como aumentar a utilidade dos cartazes*

O cartaz interno é um instrumento de comunicação fácil de produzir. Pode ser usado isoladamente ou inserido em mural. Seus resultados podem ser avaliados em pouco tempo, possibilitando a realização de eventuais ajustes necessários.

Grupos e instituições dele se utilizam para comunicar mudanças, normas, obter a participação em eventos, campanhas e até mudanças de atitudes. O Terceiro Setor é um segmento que muito está se beneficiando dessa ferramenta útil e simples que dá bons resultados.

Qualquer pessoa pode produzir cartazes de boa qualidade, obtendo maior resultado, desde que considere algumas orientações.

As técnicas utilizadas para a produção de cartazes podem ser resumidas na seguinte frase: "comunicar o máximo de informações com o mínimo de detalhes". Por detalhes, você deve entender textos, traços, cores e ilustrações. Assim, tenha cuidado apenas com sua empolgação. Muitas vezes, queremos "caprichar" tanto, que o nosso cartaz acaba ficando muito esquisito, reduzindo o resultado esperado.

Os cartazes devem conter mensagens circunstanciais com prazo de validade. Mesmo mensagens perenes como "Proibido fumar", devem ser refeitas periodicamente e colocadas em outros lugares. Um cartaz como esse, fixado na parede por um ou mais anos, acaba perdendo sua finalidade, aproximando-se mais de um objeto de decoração, do que um instrumento de comunicação. Avalie sempre os resultados obtidos, se não for satisfatório, mude, crie uma campanha.

Para se confeccionar um cartaz você pode usar um simples editor de textos e uma impressora. Se tiver conhecimento e possibilidade, explore *softwares* especializados no tratamento de imagens e textos. Não se esqueça, porém, que bons resultados também podem ser obtidos por meio de materiais de fácil acesso nas papelarias, como papel mais encorpado para o suporte do cartaz, papel para a base ou fundo do cartaz, papel colorido para recortar e colar, canetas coloridas de traço fino e largo, tesoura, estilete, lápis, borracha, régua, esquadro, fita adesiva e cola.

O primeiro passo será definir clara e diretamente a mensagem a ser transmitida e a ação que se deseja dos leitores. O segundo passo será fazer vários esboços com criatividade, simplicidade e sem censura. Comece anotando as primeiras ideias. Não seja exigente nessa fase. Em seguida, desenvolva as ideias, mas não definitivamente, apenas para deixar claro o sentido geral. Não se preocupe se perceber que está combatendo a sua própria ideia. Também faz parte do processo de desenvolvimento "brigar" tanto com a ideia inicial até produzir uma outra melhor. Faça esboços em tamanho reduzido. É mais rápido e produz uma visão global, necessária para analisar o cartaz.

Seja espontâneo, até óbvio, mas procure transmitir simpatia. O estímulo à curiosidade costuma ser um bom caminho, ideias opostas podem ser úteis, uma foto ou desenho interessante, trocadilhos inteligentes também. Evite proibir diretamente ou usar a palavra não.

Cada cartaz deve ter apenas uma ideia principal. O texto deve ser simples, coloquial. Cuidado para não dar margem à outra interpretação, exceto quando for intencional, naturalmente. Depois de elaborados os rascunhos, deixe passar pelo menos um dia e volte a examiná-los, você vai ter novas ideias para melhorá-los. Peça para seus colegas opinarem e aproveite os pontos positivos de consenso. Eles representam o seu público leitor.

Figuras estilizadas podem ser adotadas. Ao usar fotos, use poucas (uma ou duas), não coloque uma em cima da outra, nem faça escadinhas ou disponha-as muito simétricas. Uma imagem também pode ser utilizada como fundo decorativo, desde que não dificulte a leitura do texto. Crie uma harmonia com os elementos. Não deixe muita coisa de um lado só, pois o "peso" dos elementos vai incomodar o senso estético das pessoas.

Você pode criar um personagem para comunicar com simpatia avisos simples, horários etc. É um recurso interessante que associa a instituição ao personagem. Experimente.

Use o branco, o preto e mais uma ou duas cores, sendo que uma delas deve prevalecer sobre as outras. Não há limite de cores ou de recursos visuais, é preciso apenas que o conjunto seja harmônico. Você pode realçar uma ou duas palavras, ou ainda usar um desenho, que vai servir de "isca" para fisgar seus leitores. Assegure-se que os elementos estão ordenados de forma lógica e didática – procure conduzir o raciocínio dos leitores.

Deixe o cartaz "respirar", ou seja, não preencha todos os espaços, pois eles auxiliam a direcionar os olhos do leitor. Coloque uma boa margem no seu cartaz, vai torná-lo elegante e impedir que sofra interferência visual de outros avisos e cartazes fixados ao lado.

Na hora de escrever o texto, evite usar apenas caixa alta (maiúscula), e certifique-se que as letras menores estão legíveis a pelo menos dois metros de distância. Se não tiver um catálogo de letras (fontes), procure reproduzir as letras das manchetes de jornal. O texto deve parecer organizado, pois será mais convidativo. Por isso, centralize, alinhe à esquerda, à direita ou deixe justificado (blocado). Caso tenha um texto mais longo, divida-o em alguns blocos. Se tiver que optar, será preferível um cartaz insosso, porém objetivo, a um supostamente criativo, porém confuso.

Intensifique sua comunicação com cartazes, a instituição ou grupo que colabora vai ganhar em ordem, simpatia, integração e, sobretudo, na participação efetiva dos envolvidos.

DEBATES DOUTRINÁRIOS

O debate das ideias é imprescindível ao desenvolvimento do conhecimento humano, mas é preciso saber debater com respeito

Os veículos informativos impressos ou digitais se prestam a uma série de objetivos benéficos, na área sociocultural em que estão inseridos. Os periódicos espíritas e seus articulistas possuem também a responsabilidade de exemplificarem o comportamento com base na Doutrina Espírita. É uma posição difícil, perigosa, pois medeia entre a demagogia e o esforço sincero. Trata-se de um desafio para aqueles que se expõem publicamente, com o nobre intuito de auxiliar a divulgação e o processo evolutivo do espiritismo.

Neste campo onde viceja a preocupação com os textos publicados, desponta ainda, o desejo de encontrar nos artigos oriundos do debate sadio que se desencadeia por vezes em nossa imprensa, a palavra esclarecedora, mas realmente fraterna, sem ironias, menosprezo, necessidade acentuada de mostrar os erros cometidos pelo parceiro da discussão, ou de explicitar as calúnias e mentiras de que foi alvo.

Se for verdade que perseguimos o intento de nos conduzirmos com elevação, pautados na moral e na bondade, a realidade demonstra que precisamos de tempo, para que a reflexão anule as tendências passíveis de burilamento e a vontade melhore nossas ações instintivas. Concluímos então, que a palavra oral bem empregada flui com maior dificuldade, entretanto, a palavra escrita permite sempre o recurso precioso da revisão, norteada pela razão e conduzida com o coração.

O ideal daqueles que debatem em favor do espiritismo, seria então vibrar na faixa da compreensão, da humildade e do anseio de elevação geral, muito embora tenha postura positiva e o seu dizer seja "sim-sim, não-não".

Acompanhamos alguns interessantes debates e verificamos que os envolvidos são pessoas geralmente muito qualificadas, profundamente dedicadas, mas que se deixam resvalar em pequeninos deslizes no comportamento ético. É como olhar para um lindo jardim, muito bem cuidado, mas que ao exame minucioso, revelasse a existência de diminutas ervas daninhas ocultas entre as flores. Elas não tiram a beleza do conjunto ou o mérito do jardineiro, todavia, denotam que este deixou de fazer um trabalho perfeito, por abster-se de realizar um pequeno e último esforço. Nosso objetivo é a perfeição, vamos persegui-la sem fanatismo, mas com perseverança.

ONDE ESTÁ A ÉTICA?

Os meios de comunicação (mídia) devem seguir um código de ética? O jornalismo brasileiro tem o seu código desde 1985, mas será que o segue?

Fundamentado no interesse da coletividade, muitas vezes a mídia expõe as mazelas humanas sob este pretexto. O ineditismo é tão importante para a mídia que vez por outra publicam denúncias contra esta ou aquela pessoa sem preocupar-se com a veracidade das afirmações e também com as consequências dessa divulgação para os denunciados e seus familiares.

Diariamente a mídia recorta alguns acontecimentos que considera importantes para a população saber e despreza um número infinitamente maior. Esse retrato é feito sob fortes influências econômicas, culturais e morais. Dificilmente serão criadas matérias e notícias sobre temas que não despertem o interesse da maioria do público-alvo.

> É preciso despertar aspirações elevadas
> que só o desenvolvimento espiritual pode
> proporcionar

Mídias sérias parecem não se importar em veicular anúncios que oferecem os mais estranhos produtos e serviços incentivando comportamentos doentios. Onde enquadrar as dezenas de revistas e portais na internet que sobrevivem à custa dos desajustes sexuais humanos? Que dizer da maioria dos programas de rádio e televisão que invadem lares divulgando comportamentos desajustados como sendo naturais e até sinônimos de sucesso e realização na vida? Paradoxalmente, muitos desses veículos ainda insistem em ressaltar sua preocupação com a responsabilidade social, como se uma coisa nada tivesse com a outra!

Mídias sérias insistem em ampliar e dramatizar os dramas da vida, os atos decorrentes da extrema ignorância, transformando qualquer besteira em um grande espetáculo para o entretenimento de todos.

Fica difícil encerrar a ética (ou moral) num código e esperar que todos a obedeçam. Assim como este código existem leis, decretos, convenções e até o evangelho que são ignorados por muitos. O apelo do dinheiro e dos prazeres físicos ainda domina os ideais humanos.

É preciso dar alguma contribuição para fazer os homens saírem dessa nuvem de materialismo que parece predominar. É preciso despertar aspirações elevadas que só o desenvolvimento espiritual pode proporcionar, particularmente pelo conhecimento espírita que parece deter maior quantidade de respostas estruturadas e coerentes sobre a vida.

O homem espiritualizado incorpora em seus valores pessoais, a meta de melhorar-se gradativamente, ganhando virtudes e perdendo defeitos, passando a obedecer, não a códigos escritos no papel, mas em sua consciência. Esses fazem a diferença.

EVENTOS ESPÍRITAS

*O dinheiro usado com critério e organização
presta grande ajuda à integração dos espíritas
e à difusão de seu conhecimento*

O movimento espírita não pode prescindir da organização de eventos com qualidade para auxiliar o seu processo de comunicação.

Muitas vezes questionada, a cobrança de taxa é recurso digno e válido quando voltado para garantir o empreendimento e sua boa qualidade. O valor dessa taxa deve prever os custos e uma margem de segurança ou mesmo de lucro para a instituição que o organiza e corre todos os riscos. Caso o valor seja comparativamente mais alto que eventos semelhantes, então pode ser indício de um faturamento excessivo, eticamente questionável até no mundo capitalista que ainda é regido, até agora, pela lei de oferta e procura, mas que começa a questionar os lucros excessivos.

Uma instituição espírita, sem fins lucrativos, utiliza os eventos também para angariar a receita necessária para sua manutenção e projetos de expansão, além de auxiliar seus objetivos de comunicação. Nada mais justo. Algumas vezes, porém, não temos a informação clara da existência desses projetos, pelo contrário, temos a percepção de que o dinheiro estaria entrando para subsidiar outras necessidades institucionais e mesmo pessoais. É o capitalismo selvagem encontrando espaço no movimento espírita que pertence ao terceiro setor. Esse sistema econômico é entendido atualmente como detentor de graves consequências para a sociedade e só permanece na liderança enquanto o mundo acadêmico, patrocinado por ele, não se dispuser a criar um substituto.

Espíritas mais conhecidos e mesmo instituições têm se valido desse recurso para angariar receitas claramente maiores que as necessidades, demonstrando dar mais prioridade à doutrina capitalista do que a doutrina espírita.

O fato de um evento espírita cobrar taxa de inscrição, só pode ser questionado se o faturamento não for aplicado a benefício dos participantes, visar o lucro excessivo ou apresentar sinais de desonestidade. Esses devem sofrer as consequências de nosso discernimento reduzindo nossa participação.

A perda de alguns eventos, como acontece com todos, não nos tornam mais despreparados ou desinformados

Falar em desonestidade em uma instituição espírita parece algo estranho, uma aberração que não deve ocorrer. Não temos levantamento a respeito. Há casas, porém, que pedem dinheiro para um propósito sabendo antecipadamente que arrecadarão muito mais que o necessário, e o usam para outras atividades que não foram anunciadas. Isso se repete todo ano e é falho eticamente.

O recolhimento de qualquer taxa, deve objetivar a própria viabilização do evento e principalmente, a melhoria geral da qualidade em favor de todos que o prestigiam. A doutrina espírita só terá a ganhar se os eventos passarem a usar acessórios tecnológicos e mecanismos de organização mais modernos e eficazes, pois tudo isso colabora para melhorar a transmissão e assimilação das palestras efetuadas. O expositor pode ampliar consideravelmente sua capacidade de comunicação, utilizando recursos mais avançados.

Inegavelmente muitos irão se defrontar com eventos cujas taxas lhes sejam inacessíveis impedindo sua participação, da mesma maneira que enfrentam as dificuldades de estudo, transporte e vestuário por esse mesmo motivo. Outros eventos, porém, mais acessíveis ou mesmo gratuitos, certamente continuarão a existir por instituições que já conquistaram essa especialidade.

São muitas as dificuldades que impedem nossa participação em eventos geralmente gratuitos: local distante, horários que não se coadunam com nossas obrigações, outras vezes a família impõe sua prioridade, noutras é a saúde que reclama descanso. Assim é a vida, cheia de obstáculos e alternativas aguardando nossas decisões. A perda de alguns eventos, como acontece com todos, não nos tornam mais despreparados ou desinformados, pelo menos se tivermos real interesse em nosso desenvolvimento.

O PODER DOS MEIOS ELETRÔNICOS

Como utilizar as novas tecnologias para beneficiar o espiritismo e melhorar o futuro do homem

O livro, tal como o conhecemos, vem prestando incalculáveis benefícios à humanidade há quinhentos anos, mas ele também não foge à lei de evolução, estando em vias de sofrer uma grande transformação que certamente responderá pelo acelerado progresso intelectual das próximas gerações.

O livro eletrônico já é uma realidade desde o século passado e, só não se popularizou em razão de a tecnologia não ter criado meios de disseminação que o público se identificasse e se sentisse confortável. Em pouco tempo, porém, ele será uma realidade conforme previsão dos especialistas.

Através dos recursos de multimídia o livro eletrônico pode apresentar simultaneamente ou, a critério do leitor, cores, sons, gráficos, imagens fixas e em movimento, além do tradicional texto. Este, por sinal, pode ser consultado de várias formas, cada um escolhendo a sequência e a profundidade dos assuntos a serem lidos. A compactação de dados é outro recurso relevante que facilita o acesso e a disseminação.

Inegavelmente é muito mais atraente e instrutivo ler e ouvir um livro eletrônico do que apenas ler um livro convencional. Apenas a portabilidade ainda não permite que isso seja também confortável e prático. Isso não quer dizer que o livro tradicional deixará de existir. Lembramo-nos da história recente do computador, na qual os estudiosos da época previram o fim do papel como base para registro e transmissão de dados. Aconteceu o contrário. As empresas informatizadas de hoje gastam bem mais papel do que antes.

Como o livro eletrônico só pode existir a partir de um microcomputador com acessórios específicos, muitas pessoas podem pensar que apenas as classes mais abastadas seriam atendidas. Isso está mudando muito rapidamente e será uma questão de tempo – pouco tempo – para produzir significativas mudanças positivas em toda a sociedade.

*O espírita deve ter um comportamento
mais responsável em razão de conhecer
mais da realidade espiritual*

As crianças de hoje e as novas gerações serão profundamente afetadas por estes avanços na tecnologia da comunicação. A capacidade mental será excitada de tal modo que uma criança de dez anos atualmente, educada com esses recursos e estímulos, deverá ter um volume de informações memorizadas e uma rapidez de raciocínio, equivalente ou superior a um adulto comum há 50 anos.

A capacidade de realização do homem e sua consequente intervenção na natureza será cada vez maior e perigosamente fantástica, demonstrando claramente a necessidade primordial do ser humano ter alternativas de desenvolvimento moral e norteamento espiritual, sem o que a humanidade estará fadada a conviver com maravilhosos inventos da ciência e com formidáveis desastres sociais e impactos na natureza.

Todos nós seremos responsáveis pelos caminhos que a humanidade tomar, seja pela realização de atos indevidos ou pela omissão – atitude cômoda de ser tomada, mas com consequências assustadoras. O espírita deve ter um comportamento mais responsável em razão de conhecer mais da realidade espiritual.

O espiritismo tem que acompanhar a ciência para produzir efeitos duradouros que possam ajudar efetivamente na transformação moral da sociedade. Talvez estejamos atrasados no esforço de oferecermos o conhecimento espírita por meio dos meios mais avançados de comunicação. Em que pese as dificuldades financeiras para o uso dos meios de comunicação de massa, o movimento espírita pode hoje, pela ação individual ou conjunta e com poucos recursos, alcançar um nível de comunicação e influência muito grande pelos recursos da internet.

O tempo flui sem cessar e a lei de evolução instiga todos ao progresso. As filosofias e ciências estão constantemente sendo aprimoradas e complementadas. As religiões, filosofias e doutrinas já estão se servindo dos modernos meios de comunicação para assegurar melhor receptividade por parte do público. O espiritismo está alicerçado em um conhecimento tão consistente e esclarecedor que acaba despertando em muitos, a sensação de que ele progride por si só ou, no máximo, com o auxílio do plano espiritual, entretanto, sabemos que nós encarnados temos a nossa parcela de responsabilidade. Precisamos encontrar meios para motivar pessoas e instituições a utilizarem mais e melhor a tecnologia disponível em favor da melhor disseminação do conhecimento espírita. Vamos convocar a criatividade e deixar o caminho livre às iniciativas.

A MOTIVAÇÃO SOB A ÓTICA ESPÍRITA

A produtividade e o crescimento das pessoas estão diretamente associados à motivação obtida no seu relacionamento. Todos são simultaneamente agentes do fracasso ou do sucesso de seus semelhantes

Existem muitas teorias psicológicas que procuram definir como e por que as pessoas ficam motivadas para pensar ou fazer algo, sem dúvida alguma, trata-se de uma questão muito complexa envolvendo muitas variáveis de influência que podem atuar diferentemente de indivíduo a indivíduo.

Pode-se definir a motivação como "fator ou conjunto de fatores, conscientes ou não, que determinam uma ação ou uma atividade psíquica." Com o conhecimento espírita podemos deduzir que entre os fatores causais estão, seguramente, a lei de evolução que impulsiona toda a criação para o aprendizado e o progresso, a memória permanente do espírito direcionando interesses e as leis que regem a ação do pensamento na comunicação entre os seres.

Há um componente no estudo da motivação que pode ser mais bem compreendido pelo espírita. Em 1918, Robert S. Woodworth propôs a figura do *impulso*, definindo-o como "uma dotação geral de energia". Ora, o pensamento é em essência energia ou força capaz de produzir algum tipo de ação sobre a natureza. O passe é uma transmissão de fluidos oriundos da mente do doador (encarnado e desencarnado), com capacidade energética de imprimir um novo estado psicoemocional em quem o recebe, dotando-o de força temporária para obter seu reequilíbrio espiritual e a consequente ação regularizadora sobre sua estrutura física.

Inegavelmente, a motivação é uma força muito poderosa que tem levado a humanidade produzir grandes feitos e descobertas. Sua ausência, no entanto, é responsável pela improdutividade da maioria das encarnações. Como fazer para estar sempre bem estimulado? Tudo indica que precisamos uns dos outros para motivar e sermos motivados, pelo menos até alcançarmos um patamar mais alto na escalada da evolução, quando conseguiremos buscar mais facilmente a motivação em nosso próprio interior e mantê-la.

Nenhum pai mantém um castigo ao seu filho sabendo que este já se modificou compreendendo o que fez de errado

Com o pensamento, revestido ou não por sons e palavras, influenciamos e somos influenciados dentro do dinamismo do Universo que se sustenta no amor em todas as suas gradações, evidência demonstrada pela interdependência das criaturas que a fazem buscar o caminho da cooperação.

Sabemos hoje, que a atitude positiva gera reações que pouco a pouco vão se fixando em definitivo na mente do espírito, automatizando o seu comportamento cada vez mais próximo da perfeição. Aprendemos que é com o bem que combatemos o mal (ou a ignorância). Tomamos conhecimento que o bem cobre (ou anula) os erros cometidos. Os educadores contemporâneos já possuem plena consciência de que a dor e o sofrimento, embora participem do processo educacional, não são fatores causais, servindo mais como alerta ou despertamento para um novo direcionamento comportamental. Na lei de ação e reação, estamos aprendendo que o espírito apenas recebe de volta a dor outrora exteriorizada, quando antes falharam todos os verdadeiros recursos educacionais; que a maioria dos espíritos sofre sem conseguir aprender com a dor e que outros ficam liberados do sofrimento que ocasionaram pela ação nobilitante desencadeada ao bem comum. Parece que o conceito é de "lição aprendida". Nenhum pai mantém um castigo ao seu filho sabendo que este já se modificou compreendendo o que fez de errado.

Com toda essa bagagem de conhecimento o homem hoje pode concluir que é dever de todos procurar motivar o próximo para a realização de coisas boas, fortalecendo as correntes mentais positivas que circundam o nosso planeta, pois elas estarão sempre realimentando as fontes originais. Não é sem razão que Paulo de Tarso pede "olhemos uns pelos outros para estimularmos a caridade e as boas obras" (Hebreus 10:24).

Vamos rever nosso relacionamento com o semelhante e verificar onde podemos melhorar. A empatia (se colocar no lugar dos outros) é um bom exercício para conseguirmos respeitar mais as pessoas, conviver com a diversidade de experiências e níveis evolutivos a se traduzirem em comportamentos tão diferenciados. Saber enfrentar melhor os doentes de enfermidades ainda pouco conhecidas que afetam os sentimentos e sufocam a razão, assim como os carentes de amor que geralmente se mostram nas atitudes de indiferença ou nos avanços da cólera. Com todo esse conhecimento e a boa vontade de colocá-lo em prática, algum resultado certamente conseguiremos. Quem sabe passaremos a valorizar e potencializar os pontos positivos de nossas relações, talvez tenhamos mais interesse sabendo ouvir e respeitar mais as crenças e ideias dessemelhantes, ou ainda, conseguiremos tratar as pessoas com mais confiança e otimismo, vendo em cada semelhante um colaborador consciente ou inconsciente de sua felicidade e enxergando a todos como vencedores da luta diária pela conquista da evolução.

A NECESSÁRIA CRÍTICA DE LIVROS

É salutar ao espiritismo e ao movimento espírita abrir espaços para a crítica de seus livros

A mídia espírita se esquiva de apresentar trabalhos de crítica de suas obras. Deixa, assim, de apontar, alertar e motivar os leitores ao estudo e aprofundamento de boas ideias, argumentos e correlações, além de favorecer a cristalização de conceitos e ideias errôneas ou mal formuladas. Agindo dessa forma, está ajudando a formar tanto leitores indiferentes, superficiais, melindrosos e desprovidos de curiosidade intelectual, como leitores negligentes quanto ao conhecimento e fidelidade ao conhecimento espírita.

Da mesma forma, poucos espíritas mais estudados ousam se enveredar por esse caminho que possui muitas dificuldades, mas é imprescindível para a manutenção de um bom sistema de comunicação que promova o discernimento dos receptores.

A palavra crítica não é sinônima de desrespeito ou presunção, embora haja críticos que escrevam revelando estas características. Crítica designa o estudo de um juízo que objetiva estabelecer o seu valor do ponto de vista lógico. Toda obra espírita veicula direta ou indiretamente princípios e conceitos do espiritismo ajudando a fortalecer ou prejudicar sua imagem e entendimento perante o público. O compromisso e o objetivo maior do autor espírita têm de ser auxiliar o desenvolvimento de sua doutrina. O livro espírita precisa ser útil, divulgando conceitos doutrinários, trabalhando sentimentos, facilitando o entendimento do espiritismo, apresentando novas hipóteses de trabalho etc. Muitos livros não deveriam ser publicados, não em razão de possíveis erros, mas por não trazerem nada de novo, nenhum enfoque ou ponto de vista diferente, por terem pouco conteúdo e direcionamento.

Ao editar um livro, o autor torna sua obra pública e assume, ou deveria assumir, a responsabilidade de ser claro e fiel à doutrina que veicula, não apresentando nenhum aspecto conflitante com as obras básicas (a não ser como hipótese de trabalho que deve ser adequadamente justificada e convenientemente discutida), ou mesmo, precariamente construídos possibilitando interpretações equivocadas. A ação de irradiar pensamentos, neste caso, transformados em palavras escritas, gera o inevitável uso da inteligência pelos leitores, questionando, comparando, refletindo, aceitando e rejeitando ideias, aprimorando e refutando argumentos. Cercear esta colaboração é antinatural, cria um ambiente amorfo onde reina a falsa concepção de que o autor é infalível, inatingível, inquestionável – o típico e indesejável "dono da verdade".

> Qualquer crítica de livros deve respeitar
> tanto o autor quanto os leitores

Todo indivíduo é dotado de senso crítico e deve ser encorajado a usá-lo bem. Tem que ser característica de todo espírita o emprego da fé raciocinada, estudando, investigando e discutindo antes de aceitar as ideias que lhes são oferecidas. É um perigo para o espiritismo utilizar os recursos de divulgação para introduzir a cultura dos chavões, das opiniões coletivas e dos modismos pré-fabricados. As pessoas devem ser instigadas à análise e discussão de problemas ou pontos divergentes, de forma inteligente, produtiva e racional, distanciando-se ao máximo dos envolvimentos emocionais e mantendo-se lado a lado com as regras da boa educação e dos bons costumes.

Qualquer crítica de livros deve respeitar tanto o autor quanto os leitores. Quem faz análise crítica não deve nunca agredir, ironizar, enfim, desrespeitar, mesmo que já tenha sido agredido antes! Cientes de que estão prestando um benefício à Doutrina e à humanidade, muitos espíritas não medem palavras e ações e transformam sua crítica numa cruzada pessoal cavalgando a infeliz ideia que os meios justificam os fins. Sempre haverá lugar para a compreensão, a bondade e o amor, sem que necessariamente o homem tenha que ser passivo, inoperante e falsamente humilde.

A literatura espírita precisou de mais de cem anos para produzir cerca de cinco mil livros, quantidade que deve ser dobrada apenas nos próximos dez anos, a julgar pelo ritmo atual de edição de livros e da entrada do livro eletrônico. Por isso é importante abrir canais e estimular o diálogo, a discussão, o estudo, para que essas obras possam ser mais bem aproveitadas, compreendidas e admiradas em seus pontos fortes, bem como rejeitadas e esclarecidas em suas partes inegavelmente fracas ou conflitantes. É preciso trabalhar pela melhoria da qualidade das obras espíritas e pelo incremento do estudo e do senso crítico em seus adeptos, caso contrário, seremos todos responsáveis pelo atraso de sua disseminação e pelas consequências advindas do parco usufruto de seus conhecimentos.

COMO AVALIAR O LIVRO ESPÍRITA?

O que caracteriza uma obra como sendo espírita?

Qualquer produto deve zelar pela exatidão das informações divulgadas, pela coerência entre seu conteúdo e aquilo que ele traz no rótulo ou que induz o consumidor a concluir. Com o livro não é diferente. Uma obra oferecida ao público como espírita, de forma explícita ou dissimulada, precisa possuir um mínimo de requisitos que garantam a condição de espírita. Quais seriam essas condições?

Ser uma obra psicografada não é suficiente porque a expressão mediúnica não é exclusividade do espiritismo. Abordar assuntos espíritas também não é garantia que a obra seja espírita. Autores americanos que nunca ouviram falar de espiritismo escreveram sobre reencarnação. É preciso mais. É necessário que a obra deixe claro que seus conceitos e argumentações referem-se à filosofia espírita, que em sua bibliografia conste livros espíritas e, principalmente, que suas colocações não conflitem com o conhecimento espírita, a não ser na condição declarada de hipótese para debate e estudo. O livro espírita tem, ou deveria ter um forte comprometimento com o espiritismo, assim como o autor, médium e editor. O livro espírita tem o objetivo de divulgar a doutrina, transmitindo informações e conhecimentos que possam ser úteis e fazer bem aos leitores.

Alguém que compre um livro espírita tem o direito de ser informado corretamente sobre essa doutrina, sendo obrigação dos autores e editores procederem às revisões necessárias para assegurar a integridade da obra. Isso é respeito ao leitor e coerência com a doutrina abraçada.

Mesmo um romance deve ser enriquecido com muitas notas de rodapé e até apêndices, se for o caso. Tudo para assegurar ao leitor as explicações doutrinárias e as indicações das obras onde pode buscar esclarecimentos complementares.

As editoras deveriam ter critérios definidos para decidir sobre a publicação das obras. Embora o evangelho afirme que não se pode servir (bem) a dois senhores, quero crer que já temos maturidade suficiente para poder atender aos ideais de retidão doutrinária e a busca do lucro justo. Muitas obras necessitariam de pequenas alterações ou do acréscimo de algumas notas e observações para ficarem isentas de qualquer contestação. Não tenho conhecimento de um livro cujo autor e editor tenham tido a sabedoria de efetuarem este tipo de mudança em obras polêmicas. Lembro apenas do livro *O consolador* de Emmanuel e Chico Xavier sobre a questão das almas gêmeas.

É preciso estar disposto ao diálogo com interlocutores sérios, porque todos nós temos o objetivo comum de auxiliar o progresso do bem através da doutrina espírita. É preciso trabalhar pela melhoria da qualidade das obras espíritas e pelo incremento do estudo e do senso crítico em seus adeptos, caso contrário, seremos todos responsáveis pelo atraso de sua disseminação e pelas consequências advindas do parco usufruto de seus conhecimentos.

ESCREVA RESENHAS

Não é tão difícil como possa parecer

Resenha é a síntese de um livro contendo comentários e, opcionalmente, análise crítica. É por meio da resenha que o leitor consegue avaliar seu interesse pela obra e decidir por sua leitura identificando, com antecedência, as partes que deve dedicar maior atenção.

Você pode fazer uma resenha informativa, preocupando-se em expor o conteúdo do livro. Pode fazer uma resenha crítica quando você se ocupa de analisar e interpretar as ideias e pensamentos principais da obra. Pode ainda juntar os dois tipos, informando e desenvolvendo análises críticas.

Passe ao leitor uma visão precisa do conteúdo do texto, destaque o assunto, os objetivos, a ideia central, como o autor estrutura seu raciocínio. Pode apresentar também uma avaliação crítica, destacando a contribuição da obra para determinados setores da cultura, sua qualidade científica, literária ou filosófica. Destaque também as eventuais falhas, incoerências e limitações do texto.

Vale a pena ressaltar que resenha não é resumo, embora você possa se valer do resumo como primeiro passo na elaboração de uma resenha. O ideal é estabelecer um diálogo crítico com o autor. Veja exemplo de um roteiro para elaborar a resenha:

1. Forneça todos os dados do livro analisado: título, subtítulo, nomes dos autores, organizadores, tradutores, editora, edição e ano, número de páginas, ano de lançamento (*copyright*), cidade, país.
2. Apresente alguns dados biográficos relevantes do autor (titulação, vínculo acadêmico, outras obras).
3. Ressalte a proposta do livro conforme Prefácio ou Introdução. Mostre as áreas de conhecimento envolvidas.
4. Identifique a ideia central da obra, as afirmações que o autor defende.
5. Levante os argumentos que sustentam suas afirmações.
6. Apresente o resumo da obra, sua síntese. Geralmente se mantém a divisão das partes do livro (capítulos), para melhor orientar o leitor. Detenha-se no essencial, evite recorrer a detalhes que possam desviar a atenção do leitor para partes menos importantes do livro. Preocupe-se mais em informar, embora algum tom de crítica já possa estar presente.
7. Desvende, se necessário, alguns termos e expressões usadas pelo autor.
8. Comente sobre a referência bibliográfica e saliente

sua importância ou a eventual ausência de obras significativas para as ideias apresentadas no livro.
9. Desenvolva sua avaliação crítica de modo agradável e acessível. Examine, pense e observe com olhar aferido tanto para buscar pontos fracos, como para perceber pontos fortes. Seja justo. Estabeleça um diálogo com o autor e também com o leitor. Mostre se a obra atingiu o objetivo proposto e reconheça as dificuldades que possam existir. Avalie a qualidade dos argumentos, a estrutura da ideia central. Saliente a originalidade ou a falta dela. Avalie a contribuição da obra. Aborde a obra em sua totalidade. Comente detalhes específicos, mas relevantes. Sua resenha deve se distanciar da crítica inconsistente, sem fundamentação, que transpareça preconceito ou juízo apressado.

Esteja certo que as críticas estão dirigidas às ideias e posições do autor, nunca a sua pessoa ou às condições pessoais de existência. Procure contextualizar a obra analisada, relacionando-a com outros trabalhos e com a situação da cultura e das disciplinas envolvidas na época de sua produção.

Pronto. Seguindo esse roteiro sua resenha estará terminada em pouco tempo e você terá contribuído com o diálogo para o aperfeiçoamento das ideias.

O ESPIRITISMO NA MÍDIA

O espiritismo deve estar na TV e ser ouvido no rádio com um mínimo de qualidade e desempenho que garanta a transmissão fidedigna de sua mensagem

Todos nós, espíritas, gostaríamos de ver a doutrina ocupando um bom espaço nos meios de comunicação de massa. A dificuldade para criar e manter um espaço na TV parece justificar uma deficiência qualitativa. Muitos programas espíritas deixam a desejar quanto à técnica televisiva. Não precisa ser um especialista para perceber a diferença com outros programas das grandes redes, embora a maioria das coisas que podem melhorar não dependa especificamente de dinheiro.

Mais esporadicamente que desejamos, temos acompanhado a participação de espíritas em programas de entrevistas e lamentado o desempenho dos nossos representantes, embora saibamos a dificuldade que a tarefa encerra e admiremos a coragem de muitos companheiros.

A pessoa que comparece na mídia para falar sobre o espiritismo precisa estar plenamente consciente da sua responsabilidade, lembrando que ela passa a representar todo o movimento espírita e não apenas a instituição que atua.

Além de conhecer bem o espiritismo, ter rapidez de raciocínio, perspicácia para interpretar intenções camufladas e fluidez oral – requisitos difíceis de serem encontrados –·, é necessário também conhecer a argumentação contrária, para poder se antecipar às possíveis objeções sem exagerar na defesa, o que sempre predispõe os interlocutores à desconfiança.

A pessoa indicada deve se preparar convenientemente e nem sempre o tempo permite. Não deve comparecer a um programa sem conhecer e estudar bem seus objetivos, os temas a serem debatidos, o estilo e as tendências dos apresentadores, o esquema de funcionamento e os outros participantes. É o mínimo exigido para assegurar um desempenho satisfatório.

É uma boa estratégia levar um ou dois assistentes com documentos e dados gerais que possam ser úteis para esclarecer e dar suporte à argumentação. Eles podem atuar nos intervalos comerciais fornecendo as informações necessárias.

Nunca assumir uma postura forçada querendo parecer uma pessoa muito boa ou muito humilde. Deve sempre agir com naturalidade e desembaraço demonstrando boa educação. Assumir quando for conveniente e seguro, uma atitude mais firme e contundente demonstrando claramente seu ponto de vista, de modo a não permitir a criação deliberada de mal-entendido.

> *Todas as religiões concorrem para o crescimento espiritual do homem e são importantes no espaço transitório que ocupam*

Mostrar-se sempre tranquilo e seguro de suas posições revelando-se uma criatura difícil de ser atingida e conduzida. Procurar desviar de colocações enganosas e capciosas com elegância e uma dose de humor. Respeitar os eventuais pseudoadversários, particularmente quando a recíproca não for verdadeira sem, porém, esbarrar na passividade.

Agora, uma questão delicada. Deve-se ou não aceitar um convite para participar de uma armadilha? É o caso de emissoras declaradamente contrárias ao espiritismo que mantêm programas de entrevistas notoriamente estruturados para enaltecer seus pontos de vista em detrimento de outros. A razão indica que uma pessoa contatada só deve aceitar o convite caso se sinta preparada, caso contrário deve indicar alguém com mais experiência e detentor dos requisitos necessários. Isso por que sempre será possível o programa trazer alguém, certamente menos apto para representar a doutrina espírita. A emissora pode também não convidar ninguém e usar seu tempo e recursos para denegrir o espiritismo, aliás, como todos já tivemos oportunidade de constatar, infelizmente.

O fato de a doutrina espírita estar sendo o alvo preferido das novas religiões é aspecto revelador. Parece não ter sentido atacar uma religião com reduzida preferência do povo, temos oficialmente entre de 2 a 4% de adeptos, cuja maioria se situa na classe média. A estratégia dessa ação pode ser entendida pelo receio da difusão de seu conhecimento fundamentado na razão e na lógica e cujos princípios apresentam uma grande tendência de aceitação pela população, independente de seus credos. A prudência aconselha que a velocidade de crescimento do espiritismo não seja vertiginosa, mas gradativa e persistente. Assim teremos tempo para nos preparar a receber os novos adeptos e estes terão oportunidade de tomarem essa decisão com mais segurança. Todas as religiões concorrem para o crescimento espiritual do homem e são importantes no espaço transitório que ocupam. A luta deve estar voltada para a espiritualização do homem, divulgando e esclarecendo o caminho via doutrina espírita, mas respeitando a decisão de cada um.

CENTRO DE ESTUDOS

Uma alternativa lógica ao alcance de todos

Oferecer a oportunidade de estudo da doutrina é a atividade principal do centro espírita. Sem ela ficaria muito dificultada a formação de novos espíritas realmente conscientes de sua doutrina.

As casas que já possuem cursos se defrontam com o problema de não ter o que oferecer para quem já fez os cursos oferecidos. Isso cria a falsa percepção de que a pessoa já é formada na doutrina e não precisa mais estudar.

Uma solução aplicável igualmente nas casas que não possuem cursos é a criação do centro de estudos.

Trata-se de uma reunião cuja periodicidade pode ser inicialmente mensal, para grupos pequenos, com no máximo vinte participantes. Pode ter duas horas de duração e o objetivo de realizar pelo menos dez reuniões anuais.

Uma dificuldade a ser vencida será de montar grupos com conhecimento doutrinário mais ou menos homogêneo, na mesma faixa etária, o que facilita a troca de informações.

A criação do centro de estudos possibilita o aprofundamento do conhecimento espírita e a produção de novos conteúdos, cursos, artigos, estudos em grupo, pesquisas e até livros.

Finalidades do centro de estudos
- Facilitar a continuidade dos estudos para aqueles que já completaram os cursos existentes.
- Proporcionar oportunidade de estudo em grupo e intercâmbio de conhecimento e informações.
- Aprimorar o conhecimento e as técnicas de comunicação verbal e escrita.
- Preparar articulistas e escritores.
- Motivar, facilitar e preparar pesquisadores.
- Editar livros em conjunto ou individualmente.
- Realizar e divulgar pesquisas.

Organização
A cada ano será eleito entre os participantes um coordenador e um secretário.

Ao coordenador cabe orientar o desenvolvimento dos trabalhos visando a otimização dos resultados (produtividade/qualidade) e a máxima participação dos integrantes do centro de estudos. Deve estimular o raciocínio, o questionamento, a investigação e a pesquisa.

Ao secretário cabe organizar a reunião, controlar a presença, a participação, registrar informações, arquivar os trabalhos obtidos e controlar horário, disciplina e o uso dos recursos.

Aos participantes cabe comparecer no mínimo a 75% das reuniões, realizar e apresentar trabalhos em grupo ou individual.

Metodologia das reuniões

Levantar e priorizar as questões que serão alvo de estudo e pesquisa visando realmente encontrar respostas completas e consistentes ou apontar a falta delas nas obras da codificação e complementares.

Criar grupos de estudo diferentes para o mesmo tema ou questões, com três ou quatro participantes. O resultado do estudo deve ser registrado em documento tipo relatório ou *powerpoint*, procurando obedecer, o melhor possível, os critérios que caracterizam uma tese ou dissertação de pós-graduação. Registrar as dúvidas que não alcançaram solução, as lacunas encontradas e eventuais hipóteses propostas com suas respectivas justificativas.

Esquema sugerido para a reunião

Minutos / Atividade
  01 - Abertura
  02 - Avisos e questões administrativas

  Primeira parte
  45 - Apresentação de trabalhos
  20 - Avaliação e contribuição do grupo
  15 - Intervalo

Segunda parte
45   - Estudo em grupo
02   - Planejamento da próxima reunião
01   - Encerramento

É uma oportunidade que já devia ter sido aproveitada pelo seu potencial de capacitar os espíritas a conhecerem mais profundamente sua doutrina e a contribuir efetivamente para o crescimento do conhecimento espírita.

DIALOGAR PARA APRENDER

*Há um modo diferente de exercer o diálogo
com grande efeito transformador*

O melhor exemplo de comunicação é certamente o diálogo. O diálogo compreende duas ou mais pessoas interagindo de forma a construir novos significados com enriquecimento mútuo. Um trabalho de criação em parceria. O diálogo é a base do relacionamento humano, por meio dele o homem experimenta derrotas e constrói gradativamente suas conquistas.

A palavra grega diálogos pode ser traduzida como: através do sentido das palavras. Com o diálogo, a comunicação ocorre no processo interativo entre pessoas que trocam significados pelas palavras empregadas, mas também pela voz, pelo tom, pelas pausas, pelo corpo, pela expressão facial, pelos gestos, que exprimem os pensamentos e sentimentos.

A Grécia é uma das origens do estudo da comunicação pessoal mais estruturada, que na época denominava-se retórica. No seu livro de mesmo nome, Aristóteles (384 a.c. – 322 a.c.) analisa e fundamenta os três gêneros retóricos: o deliberativo (que procura persuadir ou dissuadir), o judiciário (que acusa ou defende) e o epidítico (que elogia ou censura). Essa ênfase na persuasão influenciou todo o mundo ocidental e perdura até hoje, embora Sócrates tenha preferido a maiêutica e Platão tenha discordado da retórica por considerá-la eticamente perigosa.

O conceito moderno de diálogo foi desenvolvido pelo físico David Bohm, com os seguintes objetivos: a) melhorar o relacionamento entre as pessoas; b) observar o processo de produzir pensamentos; c) produzir e compartilhar significados. É um processo que maximiza o aprendizado.

Para David Bohm, de modo geral, são os seguintes, os passos de uma conversação: a) as pessoas percebem coisas e se comunicam; b) as diferenças aparecem; c) surge a necessidade de fazer escolhas, que podem ser orientadas para dois caminhos: 1) discussão controlada; 2) diálogo aberto que objetiva fazer emergir ideias e significados novos e compartilhá-los.

Assuma integralmente uma postura serena de querer aprender

A forma tradicional de diálogo é o debate ou discussão, que naturalmente é necessária e atende uma larga necessidade nos ambientes acadêmicos e profissionais. A questão é que não devemos exercitar apenas esse tipo de comunicação, sob pena de desperdiçar outras oportunidades de coleta de informações e aprendizado.

No exercício do diálogo aberto, os interlocutores não desejam ter seu ponto de vista sobrepujando os demais. A postura íntima é de ganhar experiência, aprender algo novo, descobrir outras formas de raciocínio e entendimento. No diálogo aberto, embora não seja determinante haver um vencedor, todos vencem se qualquer um vencer. Ninguém pretende fazer sua visão específica prevalecer, mas enriquecê-la, transformá-la. Não há a ansiedade natural decorrente da possibilidade de ser descoberto um erro no seu ponto de vista. Ao contrário, sempre que qualquer erro é descoberto da parte de qualquer um, todos se sentem ganhadores. É um relacionamento ganha-ganha.

Na discussão, as pessoas não estão abertas ao aprendizado, entram na conversa com objetivos claros de convencer e se houver obstáculos, contestar, negar e se defender. Na melhor das hipóteses, a pessoa seleciona alguns pontos secundários de sua visão que ela estaria disposta a ceder, mas mantém intocáveis a maior parte das ideias que estruturam seu ponto de vista e qualquer ameaça a elas desencadeia emoções negativas de mágoa, depressão ou raiva.

Trazemos conosco toda uma sorte de presunções, não só sobre política, ou economia, ou religião, mas sobre quaisquer pormenores da vida e nos sentimos mal se não tivermos de pronto uma opinião sobre qualquer assunto. Por extensão, também opinamos sobre o comportamento dos outros e rapidamente concluímos o que um indivíduo deva fazer, como fazer, geralmente sem informações suficientes para isso.

Essas presunções são defendidas à menor ameaça percebida com alta carga emocional. Ocorre que a pessoa se identifica com uma opinião e se confunde com ela. Se alguém ataca essa opinião, a própria pessoa se sente atacada, procurando se defender ou contra-atacar. Não há o mínimo interesse de aprender.

Para formar sua opinião, a pessoa se valeu de suas próprias experiências, de uma série de decisões mentais de aceita/não aceita, influenciadas pelas fontes das informações e o grau de simpatia e credibilidade que elas inspiraram. Dessa forma, a sua opinião, tende a ser vivenciada como "verdade", a sua verdade que, se for contestada, a própria pessoa se sente questionada e fica inadvertidamente melindrada.

Entretanto, as pessoas são diferentes, tiveram vidas diferentes, sensibilidades diferentes e possuem verdades diferentes. O problema é que a evolução pressupõe a transformação de nossos paradigmas, mas mantemos uma postura tão firme de defesa que dificultamos o processo natural de mudança e aprendizado. É preciso experimentar maior flexibilidade.

A prioridade maior é entender a outra opinião e partilhar um conteúdo comum

Para você captar bem esses conceitos, experimente! Planeje e realize um diálogo aberto com uma pessoa, depois treine com mais participantes. Nada melhor do que vivenciar para aprender. Escolha um assunto, não muito polêmico em seus primeiros exercícios. Todos os participantes devem ser encarados como iguais e, principalmente, você não deve decidir, não tem e não aceite essa obrigação. Trate a sua opinião como a opinião de outra pessoa. Ela não é você, é tão somente uma opinião que você conheceu. A prioridade maior é entender a outra opinião e partilhar um conteúdo comum. Assuma integralmente uma postura serena de querer aprender. Com isso você estará vivenciando um novo modo de ser, com plena liberdade para ouvir e refletir.

Você não precisa concordar com o ponto de vista do seu interlocutor, basta procurar entendê-lo. Como ele chegou a essa conclusão? Quais fatos ou inferências foram fundamentais? Caso você identifique uma falha, não tripudie de jeito algum! Ao contrário, seja benevolente, procure você mesmo outro argumento. Respeite os sentimentos dos outros. Sinta e busque sentir que você está conectado a outras mentes. Você está somando sua energia à energia dos seus parceiros de comunicação, multiplicando as possibilidades de estar realmente aproveitando o momento para se transformar, estimulando a transformação nos outros e no meio ambiente. Bom diálogo! Ótima comunicação.

ATUALIZAÇÃO DA LINGUAGEM

*A linguagem espírita estava atualizada
para a segunda metade do século 19*

A questão proposta é sobre a necessidade ou não de atualizar a linguagem com que é comunicada a doutrina espírita, para melhor atingir o objetivo da própria comunicação e facilitar a transmissão do conhecimento espírita para o intercâmbio de ideias com benefícios para o emissor e o receptor.

A linguagem é a maneira de o ser humano se comunicar com o uso da palavra articulada ou escrita como meio de expressão e de comunicação entre pessoas.

Cada pessoa percebe o mundo a sua maneira, condicionada pelos seus valores internos, sentimentos, motivações, interesses, necessidades e paradigmas. Assim, nossa visão do mundo precisa ser constantemente ajustada a partir da percepção dos outros, em nosso relacionamento interpessoal que é o melhor instrumento para uma compreensão cada vez melhor da vida e de nós mesmos.

> *A manifestação da linguagem tem como finalidade principal ocasionar alguma transformação em uma ou mais pessoas*

A linguagem é um sistema de signos que serve de meio de comunicação entre indivíduos e pode ser percebida pelos diversos órgãos dos sentidos simultaneamente, caracterizando-se por um sistema complexo. Seu estudo também é muito complexo, pois abrange áreas como: Teoria da Informação (estudo da estruturação da mensagem-código), Teoria da Comunicação (estudo do relacionamento mensagem-fonte-receptor), Semiótica ou Semiologia (ciência geral do signo), filologia (estudo da língua em toda a sua amplitude, e dos documentos escritos que servem para documentá-la), Lógica (conjunto de regras e princípios que orientam, implícita ou explicitamente, o desenvolvimento de uma argumentação ou de um raciocínio), Psicologia (ciência dos fenômenos psíquicos e do comportamento), Retórica (estudo do uso persuasivo da linguagem), Fonética (estudo dos sons da fala), entre outros campos do saber humano.

> *Quanto mais previsível a mensagem, menor o seu grau de informação e menor o impacto no receptor*

A manifestação da linguagem tem como finalidade principal ocasionar alguma transformação em uma ou mais pessoas e essa transformação levar a uma ação interna e/ou externa. Essa mudança pode ocorrer ao transmitir melhor compreensão acerca de algo já conhecido, ao comunicar nova informação ou conhecimento, mas também, quando se exercita o poder e se estimula alguém a sentir alguma emoção. Na maioria das vezes a linguagem assume todos esses papéis ao mesmo tempo.

A chave para conseguir esse objetivo de levar o indivíduo a agir, é garantir o máximo de entendimento sobre os significados da mensagem que se está transmitindo. Sempre se perde algo no processo de transmissão e assimilação. Por outro lado, o receptor pode ter um acervo suficiente para ampliar o entendimento da mensagem inicial. A comunicação final tende a ser uma mistura de perdas, distorções e enriquecimentos.

Outro aspecto importante é a capacidade da mensagem conter originalidade. Quanto mais previsível a mensagem, menor o seu grau de informação e menor o impacto no receptor. Por outro lado, quanto maior a carga de originalidade, maior o grau de informação e maior o impacto no receptor. A geração de dúvida ou certeza também influencia no impacto junto ao receptor, considerando de uma forma genérica.

Toda mensagem é formada por elementos da percepção organizados segundo as motivações, interesses, necessidades e intenções que se interagem em um contexto sociocultural.

Uma mensagem elaborada em outra época ou outra região foi estruturada com aspectos socioculturais diferentes exigindo hoje, outros conhecimentos para se atingir seus significados originais. A necessidade de tradução encerra essa e outras dificuldades relativas à manutenção do significado que o autor quis dar ao substituir os signos da mensagem por outros da outra língua. É o desafio de alterar a forma, mas não alterar o conteúdo.

A palavra escrita

No espiritismo, a palavra escrita exerce grande influência como meio disseminador de conhecimento e cultura própria. Tudo deve estar coerente com as obras da codificação e as chamadas obras complementares, as matérias na mídia espírita, as atividades, palestras, cursos, reuniões etc...

É fato verificado que os brasileiros possuem dificuldade de ler e entender textos simples. Podemos deduzir que deve existir dificuldade ainda maior na leitura e entendimento das obras básicas e a maioria das complementares. Uma explicação é a consequência da falta de hábito de ler para entender, a maioria das pessoas inicia com leituras para entretenimento. Mas somente essa explicação é insuficiente. Inegavelmente, há outros motivos que dividem esse ônus. No caso das obras de Kardec e das obras subsidiárias, exercem grande influência, o vocabulário empregado, a forma gramatical, a fonética e o estilo do texto. Todos eles estruturados segundo um contexto distante e estranho ao leitor atual. Veja exemplo de vocábulos que não mais fazem parte do vocabulário atual encontrado nos livros *Nosso lar* (1944) e *O Livro dos Espíritos* (1857):

Vocábulos	Explicação
Genitora	Mãe
Destra	Mão direita
Olvidar	Esquecer
Conjurar	Convocar para conspiração
Aduzir	Trazer, apresentar
Anuir	Aceitar
Lograr	Conseguir
Empedernido	Endurecido
Alanceado	Torturado moralmente
Prorromper	Manifestar-se de repente
Porfiar	Discutir
Hirto	Duro
Increpar	Repreender
Sicário	Assassino

O fato de Divaldo Pereira Franco usar palavras semelhantes em sua oratória faz parte do seu estilo que é único e respeitável, mas não é um modelo a ser seguido.

Fica clara então, a necessidade de atualizar, de transpor o conteúdo da mensagem para a forma contemporânea. Mas isso esbarra na imensa dificuldade de atualizar não só o conteúdo, mas seu contexto. Tudo o que pensamos baseia-se em referências que fazem parte do contexto. As referências do autor não são as mesmas dos leitores e isso pode levar a entendimento equivocado que é pior do que não conseguir o entendimento original. A solução encontrada é ajustar a gramática e o estilo (incluindo o vocabulário), e inserir quantas notas, diagramas e explicações forem necessários para melhor transportar, não o contexto ao leitor, mas o leitor ao contexto do autor. Essa é a recomendação para as obras espíritas.

Com relação à tradução da codificação, o ideal seria realizar nova tradução não por um tradutor, mas por uma equipe de tradutores, para evitar tendências e maximizar o entendimento por meio das notas já explicadas.

O ideal é realizar uma tradução com o objetivo de ser fiel ao pensamento de Kardec, adicionando a quantidade que for necessária de notas esclarecedoras, sempre que surgir alguma dúvida ou dificuldade de tradução. Esse trabalho deveria ser feito por um grupo de tradutores, incluindo alguns não espíritas, para evitar a manifestação de tendências pessoais.

A necessidade de atualizar e por meio de notas explicativas, fica mais evidente em relação a termos científicos, que sofreram grande transformação.

Palavra articulada

A linguagem assume outra importância monumental, se considerarmos que ela influencia a forma de pensar. Quanto melhor estruturada e clara, melhor vamos pensar e concluir para atendermos as infinitas decisões que temos de tomar para nossa evolução.

A linguagem espírita deveria ser essencialmente lógica, racional, argumentativa envolvendo a dose adequada de emoção no momento certo e mostrando sempre o caminho, a solução, caracterizada pelo otimismo, pela compreensão e esperança.

No local onde a palavra articulada é soberana – os centros espíritas, quase sempre encontramos o discurso superficial, com excesso de adjetivação, não estruturado, divagante, muitas vezes em tom de repreensão, excessivamente focado no religiosismo, utilizando-se incorretamente de falácias (erros de raciocínio) como recurso de persuasão.

As falácias mais comuns são: a circunstancial que foge à tentativa de provar seu raciocínio, alegando que é uma verdade já aceita por Jesus, Kardec ou espíritos superiores; a falácia do argumento pela ignorância que tenta provar alguma coisa simplesmente por que ninguém provou o contrário; a falácia do apelo à autoridade errada, no qual se recorre a um pensamento de uma pessoa famosa para provar algo fora de sua especialidade; a falácia de acidente que se generaliza a partir de um caso ou situação cujas circunstâncias impedem a aplicação de uma proposição geral; a falácia de exigir resposta simples a questões complexas; a falácia da conclusão irrelevante quando o argumento é válido, mas não aplicado ao assunto, e várias outras falácias que contribuem para transformar o discurso espírita em algo frágil e inconsistente.

O caminho

O espiritismo não enfrenta maiores problemas advindos dessa situação, em razão da tendência geral da população, independente de suas crenças, de acreditar, ter interesse ou simpatizar com muitas ideias que também fazem parte do conhecimento espírita.

O público espírita é em sua maioria, pessoas que querem acreditar em algo que lhes deem consolo e esperança, pois o questionamento levaria ao desconforto da falta de solução para seus problemas. Preferem absorver ideias prontas que não exijam o esforço de pensar de forma mais concentrada e estruturada. Isso leva os comunicadores com pouca experiência argumentativa a acabarem se acomodando a essa situação que não colabora efetivamente com o desenvolvimento das pessoas, conflitando com a natureza investigativa e dinâmica do espiritismo e seu objetivo maior de ajudar o progresso geral.

A solução está no esforço das pessoas e instituições espíritas voltadas à disseminação do conhecimento espírita: federativas, associações especializadas, mídia, e associações de divulgadores.

O assunto refere-se à evolução. A busca natural de melhoria em todas as coisas. Edições de livros devem ser melhoradas, cursos de espiritismo precisam ser ajustados, cursos de oratória necessitam de maior atenção, e, principalmente, a linguagem geral do espiritismo precisa ser melhorada para facilitar seu correto entendimento e garantir as transformações sociais de que ele é capaz.

A COMUNICAÇÃO NO CENTRO ESPÍRITA

Uma organização é um conjunto de pessoas, que se comunicam entre si com objetivos comuns, para alcançar determinados resultados

Introdução

O sucesso de qualquer organização depende, antes de qualquer outra coisa, das pessoas, da forma e qualidade com que mantêm seus relacionamentos. Relacionar é exercer a comunicação. Este é um tema de alta relevância, uma vez que a comunicação permeia todas as atividades do centro espírita, cujos resultados são diretamente proporcionais à eficácia da sua comunicação. Desdobra-se em um sem número de subtemas, dos quais alguns foram selecionados, com a finalidade de subsidiar a tomada de decisões dos dirigentes e trabalhadores das casas espíritas, no constante desafio de fazer melhor o que já estava sendo bem feito.

O centro espírita

É o meio adotado pelo movimento espírita brasileiro para facilitar a integração dos espíritas, o aprendizado do espiritismo e o desenvolvimento de atividades visando encontrar a melhor forma para disseminar esse conhecimento.

É uma organização do Terceiro Setor, sem fins lucrativos que serve à realização de ações de interesse social, estabelecida de acordo com as leis vigentes. É criado livremente por espíritas para o exercício de determinado conjunto de atividades alinhadas com o conhecimento espírita. Essa liberdade de criação é tão ampla que qualquer pessoa pode abrir legalmente uma sociedade espírita, mesmo que o conteúdo do que se ensina e se pratica nada tenha a ver com o conhecimento espírita.

A responsabilidade do centro espírita está concentrada num grupo de pessoas comuns que decidiram dar sua contribuição à sociedade, por meio da difusão do conhecimento espírita e da prática do bem comum. Espera-se que essas pessoas que se dizem espíritas tenham pelo menos um conhecimento básico capaz de assegurar o respeito pelos princípios doutrinários. Espera-se que as uniões, associações e federações consigam efetivamente orientar as novas casas.

O centro espírita é um agrupamento de pessoas comuns que trabalham em conjunto para atingir objetivos determinados, relacionando-se ininterruptamente por meio do intercâmbio de ideias e do desenvolvimento de atividades. Cada um com sua cultura e seu acervo de experiências, para compartilhar um ideal, valores e crenças, buscando o equilíbrio entre os seus interesses e os interesses dos públicos que interage, visando validar e ampliar o conhecimento espírita e decidir, a cada instante, o que deve ser feito e qual a melhor maneira de fazer.

Sua missão

A missão ou a finalidade principal do centro espírita, estabelecida no estatuto social, tem várias redações com o mesmo sentido, e pode ser sintetizada como: "**o estudo, a prática e a difusão do espiritismo...**" (modelo de estatuto da FEB).

A presença do vocábulo "estudo" é muito significativa e correta, pois não se compreende o exercício da propagação de um conhecimento em processo evolutivo sem seu constante estudo a aprofundamento.

O termo "prática" é questionável, uma vez que no espiritismo não existe prática religiosa (cerimônias, rituais e liturgias), mas pode ser entendido como "o desenvolvimento de atividades próprias", como as palestras, passes, cursos etc..

O significado de "difusão" ou de "divulgação", termos amplamente aplicados, estão mais vinculados à disseminação de ideias como resultado de uma ação unilateral, ou seja, distribuir, espalhar uma informação de interesse do emissor com uma expectativa de aceitação pelo receptor, mas sem maiores preocupações e interações com ele.

Para efeito desse texto, a finalidade principal do centro espírita fica estabelecida como: "**o estudo e a comunicação interativa do espiritismo tendo em vista a realização de seus ideais**". Atualmente, a palavra "comunicação" se coaduna melhor, conforme argumentação nesse trabalho.

Comunicação

O vocábulo "comunicação" é bastante complexo e abrangente. Envolve para a sua compreensão, muitas disciplinas, como: Linguística, Semiótica, Sociologia, Psicologia, Ciências da Informação, Lógica, Comunicação Social, entre outras tantas. A análise das suas diversas definições mostra um sentido básico de relação, de compartilhamento, que podemos figurar como o diálogo. Isso quer dizer que a comunicação pressupõe a troca de significados entre indivíduos que agem simultaneamente como emissor e receptor. A definição de Juan Bordenave encerra esse conceito: "*comunicação é o ato pela qual as pessoas se relacionam transformando-se mutuamente e a realidade que os rodeia.*"

O entendimento inicial, a partir de Aristóteles, que a retórica (comunicação no seu tempo) deve ser a mais persuasiva possível, tem influenciado a humanidade todos esses séculos, que a usou para obter poder e domínio, com resultados lastimáveis, como se não existisse ou fosse admissível uma comunicação com outros objetivos. Hoje, o entendimento dos especialistas é outro.

*Todos querem convencer qualquer
pessoa sobre qualquer assunto*

A comunicação voltada para o convencimento é a científica e a de *marketing*. A primeira precisa se valer de argumentos lógicos e consistentes para provar suas conclusões e facilitar o alcance dos mesmos resultados por outros cientistas. A segunda precisa obter e manter uma posição de mercado de interesse da empresa e usa técnicas e recursos para alcançar seus objetivos, com responsabilidade social e ética muitas vezes aquém do desejado.

A comunicação de *marketing* é elaborada com a intenção de obter plena aceitação sem maior diálogo. Espera que o receptor se mantenha passivo para a mensagem ser aceita e poder agir no seu âmbito cognitivo e atitudinal.

Identifica uma ideia a ser transmitida, escolhe o público alvo, pesquisa suas características, necessidades e desejos, define o melhor meio para veiculação, elabora uma mensagem ajustada a essas características. Tudo para assegurar que o receptor capte os significados de interesse para o emissor, visando formar determinada imagem ou obter uma ação de compra e fidelização.

Voltada para a venda de uma ideia, produto ou serviço, é de grande valia sua aplicação em diversas situações e canais de comunicação, mas não é a mais adequada para o centro espírita transmitir o conhecimento espírita, no relacionamento com seus diversos públicos, particularmente o interno. Todavia, sua penetração na cultura ocidental é tão dominadora que é adotada por todas as pessoas em seus relacionamentos cotidianos mais simples. Todos querem convencer qualquer pessoa sobre qualquer assunto, relevante ou não.

A comunicação é uma faculdade do espírito destinada a ser desenvolvida para a obtenção gradativa de melhores resultados no processo infinito de evolução. Ela ocorre, e é estimulada no ser humano, pela sua necessidade de conhecer a si mesmo e o mundo, pela necessidade de desenvolver sua individualidade, pela necessidade de realizar encontros, conexões, de afetar outras individualidades e ser afetado por elas, desenvolvendo com isso seu próprio progresso e colaborando com o progresso dos outros. Toda comunicação gera significados, desperta associações afetivas e desencadeia decisões que influenciarão os atos, os comportamentos. O receptor capta segundo sua capacidade de percepção. Decodifica, a partir de sua experiência. Reinterpreta seu conteúdo, levando em conta o enunciado e o contexto, bem como seus desejos, necessidades, cultura e crenças, podendo alcançar um entendimento próximo do emissor, completamente oposto, ou não alcançar nenhum entendimento, ou mesmo, alcançar uma compreensão superior, mais rica de significados do que o do próprio emissor, podendo ainda, produzir determinadas ações em momento e condições que lhe convier. Essa compreensão da comunicação coloca o emissor e o receptor com a mesma importância e potencial.

A magnitude da nossa capacidade perceptiva, aliada ao fato de que não devem existir duas pessoas com a mesma bagagem cognitiva e emocional, resulta na extrema dificuldade de se compartilhar exatamente os mesmos significados e alcances de uma mensagem. Daí a nossa vontade e empenho para se comunicar de diversas formas, pois no processo natural de aprender e se adaptar, o ser humano necessita do outro para se compreender e para ajustar sua visão do mundo.

Os diferentes públicos

A existência de uma organização espírita afeta vários tipos de públicos, que são, em última análise, seus clientes, aqueles para quem ela foi criada com a finalidade de servir. Tendo clara essa noção, fica mais fácil se estruturar para atender bem os públicos. Todos são importantes, mas é preciso saber priorizar para conseguir maior eficácia.

O centro espírita tem que ser e transparecer uma organização notadamente ética

Os **frequentadores** formam o público de maior prioridade. São para eles que foram criadas as atividades e a organização possui a expectativa de que seu esforço acarrete neles os efeitos positivos almejados. Podem ser divididos entre aqueles que são recém-chegados (visitantes), aqueles que já começam a ajudar nas tarefas e os demais que apenas frequentam usufruindo dos serviços e produtos disponíveis, muitos deles ainda não espíritas. Da assiduidade deles se espera um desenvolvimento que aumente a compreensão doutrinária e contribuam para a geração de novos trabalhadores, no mesmo centro ou em outros.

Os **trabalhadores** constituem o público estratégico. É por meio deles que o centro espírita atinge seus objetivos e justifica sua existência na sociedade. Muitas vezes esquecidos e relegados a um segundo plano, em decorrência do entendimento equivocado que "devem agir por dever" (não por ideal) ou também pela concepção errônea que nada se pode exigir de voluntários — o que fizerem, da maneira que fizerem — terá de ser aceito.

Ocorre também a ideia equivocada de que não se deve elogiar, pois o elogio alimentaria as imperfeições do homem. Muitos dirigentes tratam os trabalhadores de modo impessoal. Eles têm receio de reconhecer uma iniciativa, uma proposta criativa, um serviço bem feito, pois estariam fortalecendo imperfeições indesejáveis como o orgulho, egoísmo, vaidade e poderiam melindrar os demais. Assim, esses trabalhadores não recebem reconhecimento pessoal, apenas coletivo, quebrando a eficácia da boa comunicação que exige constantes *feedbacks*.

Os **dirigentes e trabalhadores** são os voluntários que se organizam para efetivar uma contribuição que, com a soma dos esforços, fica maior que a das atuações isoladas. É enriquecedor fazer um paralelo entre aqueles que trabalham nas empresas do segundo setor (privadas) e os voluntários espíritas. Duas diferenças são fundamentais e nos ajudam a compreender que a melhor forma de comunicação é a interativa, participativa, baseada na ética e na transparência:

- Um possui como motivação principal o seu salário, o outro, o ideal de contribuir para o bem e o compromisso com a doutrina espírita.

- Um desempenha voltado para o aumento do lucro, o outro voltado para aumentar a satisfação das pessoas, incluindo ele mesmo.

Os **assistidos** são aqueles que são atendidos independentemente de terem algum conhecimento ou interesse no espiritismo. Geralmente são pessoas carentes que a casa mobiliza recursos para dar atendimento emergencial, doando alimentos, roupas, remédios, tratamento médico, oftalmológico, dentário etc. É uma forma de caridade inicial que tem sua necessidade e deve ser direcionada para níveis mais elevados onde se trabalha a capacitação das pessoas para viverem dignamente por si mesmas na sociedade, evitando a dependência. Esse público se caracteriza pela alta potencialidade de ser influenciado, decorrente de sua situação de carência, não sendo eticamente correto obrigá-lo a receber passes e ouvir preleções evangélicas para receberem doações. Convidar, dar oportunidade e acatar sua decisão sem negar ou reduzir as doações e a assistência ofertada. Eles são carentes também de respeito. Respeito por suas convicções religiosas ou pela falta delas.

A comunicação no centro espírita

A comunicação, para qualquer tipo de organização, é estratégica, pois, para alcançar seus objetivos, toda organização precisa comunicar e garantir que seus atos comunicativos tenham a qualidade necessária para produzir os efeitos positivos desejados.

Como existem muitas maneiras de compreender e usar a comunicação parece sensato concluir que a ética deva ser o balizador principal. O centro espírita tem que ser e transparecer uma organização notadamente ética.

Ao adotar o termo "divulgação" e assemelhados em sua finalidade principal, o centro espírita assume uma postura delicada, pois esse tipo de comunicação objetiva convencer e leva a atitudes mentais não alinhadas doutrinariamente como: "eu tenho um conhecimento completo e correto" (e você não tem ou tem algo inferior), "você deve aceitar sem discussão" (porque eu concluí que é algo bom para você). Ora, o espiritismo está longe de ter todas as respostas e de prescindir a possibilidade de conter erros. Ele reconhece que as "verdades" são reveladas gradativamente em todos os campos do saber, que seu conhecimento deve se ajustar às descobertas científicas e deve ser oferecido às pessoas que desejarem, por meio de estudo e utilização de suas funções cognitivas para se chegar a um nível personalizado de compreensão, assimilação e aplicação.

Só verdadeiramente aprendemos quando temos interesse e criamos nossas próprias perguntas

O conteúdo da comunicação nos cursos e palestras deve se basear na filosofia espírita, em fatos históricos e científicos, na sua interpretação dos evangelhos, sem adjetivação e ufanismo. Deve deixar claro as lacunas e as dúvidas existentes para estimular seu aprofundamento.

Deve ter o objetivo de estimular a curiosidade intelectual, incentivar as pessoas a refletirem sobre os assuntos e ideias apresentados, de modo a chegarem cada uma as suas próprias conclusões que podem ser diferentes da desejada, e devem ser debatidas com respeito e argumentação consistente, não com o objetivo de ganhar a discussão, mas de aprendizado mútuo.

As pessoas devem ser estimuladas a se interessarem a compreender mais sobre a vida e de formularem, eles próprios suas perguntas, pois só verdadeiramente aprendemos quando temos interesse e criamos nossas próprias perguntas.

É importante definir, explicar, contextualizar, comparar e examinar o mais profundamente possível, as ideias, princípios e raciocínios do conhecimento espírita. Oferecer razões lógicas bem fundamentadas, distante das posições dogmáticas que transmitem as conclusões e pensamentos prontos.

Deve se preocupar em reconhecer os pontos que ainda não têm elementos suficientes para alcançar uma conclusão. Identificar as lacunas do conhecimento para incentivar seu estudo e aprofundamento.

A comunicação interpessoal deve ser exercitada, aperfeiçoando a experiência individual na organização das ideias, na pesquisa das fontes, e no debate livre entre instrutores e participantes, melhorando o entendimento de cada um.

Evitar manter a comunicação fluindo apenas unilateralmente de cima para baixo. As pessoas que frequentam e trabalham nas casas espíritas também devem se comunicar entre si e com a própria casa, para produzir uma comunicação realmente eficaz maximizando benefícios para todos os envolvidos.

Todo sistema de comunicação deve ter uma retroalimentação, também conhecida como *feedback*, para melhorar sua eficácia com cada parte envolvida expondo sua percepção positiva e negativa. Os cursos, enquanto um processo organizado de comunicação, também. Isso quer dizer que os participantes precisam avaliar os cursos e instrutores, os instrutores necessitam avaliar e comparar o aproveitamento dos participantes, comparar com o desejado, com outras turmas, com outros anos e identificar o que deve ser mudado para assegurar melhores resultados.

As oportunidades de o público exteriorizar seu pensamento são escassas, a maioria das vezes inexistentes. Tradicionalmente, os centros se acostumaram a manter determinadas atividades estruturadas de modo que os participantes são desestimulados a se pronunciarem. Começa com o cartaz habitual "O silêncio já é uma prece", próprio para uma igreja, mas duvidoso para os núcleos espíritas onde é imprescindível a participação e o questionamento. Praticamente não há serviço organizado para prestar informações, receber visitantes, orientar frequentadores. Poucas casas fazem algo parecido com "Atendimento fraterno" e parte delas ainda presta esse serviço de maneira distante do ideal.

Abrir um canal para reclamações e sugestões facilita e permite uma administração realmente voltada para a satisfação de seu público. Saber o que o público pensa das atividades, serviços e instalações, permite informar e esclarecer melhor, reduzindo a expectativa equivocada que resulta em decepções e desgaste de comunicação.

Pesquisar periodicamente a satisfação dos usuários dos serviços prestados é medida salutar para manter boa a comunicação. Como melhorar a comunicação com alguém que você não conhece o seu modo de pensar, o que gosta e o que não gosta, as razões de sua participação, os fatores motivadores e desanimadores?

Todas as pessoas criam expectativas conscientes ou inconscientes que podem estar além ou aquém da realidade. O confronto pode ocasionar uma surpresa agradável (motivadora) ou decepcionante. Assim, todas as oportunidades de ouvir o público não devem ser desperdiçadas para direcionar esforços na adequação das expectativas.

Decoração e conforto no centro espírita
Muitas casas espíritas, podendo se instalar em melhor condição exageram na simplicidade e na ausência de ele-

mentos decorativos, como um simples jardim ou alguns vasos de plantas. O equilíbrio é difícil e sabemos que nesse caso, é preferível arriscar a fazer menos do que demais. Contudo, a verdade é que sentimos desconforto quando as instalações são tão simples que se aproximam da precariedade, pode ser o frio, a umidade, o chão difícil de limpar, o banco sem encosto ou a compactação das pessoas. Podemos procurar oferecer conforto e decoração agradáveis.

Os espíritos superiores, por sua vez, passam algum tempo em planos inferiores por amor aos retardatários do caminho, movimentando-se com desconforto em ambiente que não é o seu *habitat* vibracional, exercitando o sacrifício voluntário. Essas entidades amam a beleza da caridade, o esplendor da humildade e a maravilha do amor-renúncia, mas também admiram a boa música, a arte, a disciplina no trabalho, a boa organização, a eficiência, a qualidade etc., agradando aos seus sentidos, todo esforço elevado para produzir o belo, seja uma simples parede bem acabada e pintada, um quadro, uma toalha ou um arranjo de flores.

O nome do centro espírita
O nome do centro deve transmitir às pessoas uma impressão de credibilidade e agradabilidade. Quando se pensa na fundação de um novo centro espírita deve-se estudar um nome adequado, pois ele vai acabar sendo o principal veículo de comunicação com a sociedade.

Tomando como base o cadastro de Instituições Espíritas da ADE-SP Associação de Divulgadores do Espiritismo, a denominação "centro espírita" é a mais usada no Estado de São Paulo (36%), seguida de "grupo espírita" (10%), "sociedade espírita" (7%), "associação espírita" (4%), "fraternidade espírita" (3%) e "núcleo espírita" (2%).

A prática de usar uma denominação comum para a organização e um nome conhecido e respeitado para homenagear, como o nome de um livro, de um espírito ou de um espírita, faz com que a maioria dos centros tenham um nome impessoal, igual a muitos outros, que não diferencia e dificulta sua identificação. Com o nome do codificador "Allan Kardec" encontramos 200 centros, 205 casas homenageando "Jesus" e 100 lembrando "Bezerra de Menezes".

Exemplos de nomes indevidos que não devem ser adotados quando associados a palavra "espírita": Templo Espírita, Tenda Espírita, Sinagoga Espírita, Igreja Espírita, Centro Espírita Nossa Senhora Aparecida, Centro Espírita Pai Batuíra, Centro Espírita Santo Agostinho, Grupo Espírita Cristão, Centro Espírita São José, Centro Espírita Santa Terezinha, Sociedade Espírita Mesa Branca, Centro Espírita Anjo Ismael, Núcleo Espírita São Miguel Arcanjo.

Logotipo e logomarca

Assim como o ser humano procura se individualizar, desenvolvendo a sua própria personalidade, as organizações também devem assumir e aperfeiçoar o seu jeito de ser.

Inevitavelmente toda organização transmite alguma coisa para o público. Ao escolher o nome, logotipo ou logomarca, a organização tem uma boa oportunidade de influenciar e fortalecer sua imagem.

O logotipo é uma forma padrão de apresentar o nome de uma organização e a logomarca é uma maneira de mostrar o nome da organização associado a uma ilustração. Veja abaixo, os exemplos reais retirados da internet e tente identificar o que cada um transmite, como a impressão de modernidade, organização, seriedade, alegria, fraternidade.

A imagem do centro espírita

Imagem é o conjunto de percepções, crenças, ideias e associações cognitivas e afetivas, que uma pessoa cria com relação à determinada marca, objeto, serviço ou organização. As atitudes e ações de uma pessoa em relação a um objeto são bastante condicionadas pela imagem que ele formou.

Nas relações humanas, é impossível uma pessoa não comunicar coisas a seu respeito a todo instante. O corpo, as roupas, as cores, as feições, os gestos, o tom, a entonação da voz, a forma de andar, de sorrir, o bairro onde mora, o time que torce, onde trabalha, tudo comunica algo na percepção de cada indivíduo. Muitos significados são comuns para a maioria dos indivíduos, embora possam não corresponder necessariamente à realidade, formam uma imagem pública da pessoa.

Assim, ao se relacionar com alguém, logo somos capazes de falar que essa determinada pessoa deve ser: calma ou afobada, ingênua ou desconfiada, mais ou menos inteligente, objetiva ou confusa, sincera ou dissimulada, amável ou agressiva e tantos outros aspectos, formando uma imagem a partir de uma rede complexa de significados.

Da mesma maneira que uma pessoa, o centro espírita também comunica uma imagem para seus diferentes públicos. Essa imagem é formada pela comunicação explícita (tudo que é comunicado intencionalmente) e implícita (tudo que é comunicado indiretamente pelo contexto).

Por um lado existe a imagem que o centro espírita quer transmitir para facilitar o relacionamento e melhor predispor o público para as atividades e a sua forma de abordagem, condizente com seus valores e práticas. Por outro lado existe a imagem que o público cria naturalmente. Periodicamente essas duas imagens devem ser levantadas e comparadas para se identificar as diferenças, positivas e negativas, bem como suas origens, a fim de promover o ajuste necessário por meio de ações de comunicação.

O centro espírita está sempre comunicando coisas a seu respeito. As pessoas formam uma imagem a partir da imagem que elas pensam que a comunidade ou seus líderes possuem, mas também associam o que elas próprias percebem das atividades intangíveis desenvolvidas (serviços), como de aspectos tangíveis mais facilmente percebidos como: as informações e a aparência da placa de identificação do centro, a impressão de limpeza ou sujeira que transmite, a existência e o cuidado com plantas e flores de vasos e jardins, as cores e o estado da pintura das paredes, os móveis e a decoração, a existência e a eficiência da comunicação visual, o estado dos banheiros, e o conjunto das imagens transmitidas pelos próprios trabalhadores, dirigentes e frequentadores.

A imagem que as pessoas da comunidade formam com relação ao espiritismo e ao centro espírita local interfere em sua decisão de conhecer, frequentar, recomendar, respeitar o centro espírita. Essa imagem foi influenciada por formadores de opinião e uma série de eventos e crenças que marcaram a memória e influenciaram o seu modo de ver o espiritismo, os centros espíritas e os espíritas.

É um sistema complexo, mas que permite certo controle, de modo a manter uma imagem favorável e que reflita melhor a realidade de seus pontos positivos. Considerando que as pessoas tendem a associar aspectos tangíveis aos intangíveis, o centro espírita pode atuar para tornar mais agradável e confortável seus aspectos externos, mantendo o estilo simples recomendado, mas tornando-o mais atrativo, confortável e funcional, eventualmente alegre, fraterno, eficiente, atualizado, prático. Os trabalhadores podem ser treinados, não só para as atividades, o que favorece a transmissão de confiança e credibilidade, como também para demonstrarem cordialidade, simpatia e otimismo, comportamento natural de quem trabalha voluntariamente por um ideal e que faz toda a diferença no atendimento.

Identidade visual

Já vimos que intencionalmente ou não, toda organização gera uma imagem que reflete a personalidade percebida.

Quando se cria uma identidade visual, ela deve estar alinhada à imagem que se deseja passar. Só o fato de transmitir uma única identidade visual (padronizada), independente do meio de acesso, já se constitui um ganho de qualidade no processo de comunicação.

Uma identidade visual possui um padrão específico de cores, fonte, ilustração, logotipo ou logomarca, *slogan* e uma forma de uso nas diferentes mídias. Pode incorporar também a criação de um personagem que represente a organização e transmita com mais facilidade a imagem desejada.

O *slogan* é um recurso de comunicação pouco utilizado nos centros espíritas. É uma pequena frase que sintetiza o modo de pensar e a prioridade da campanha ou a posição de mercado da organização. Deve ser alterado sempre que o centro mudar seu posicionamento, de modo a refletir a realidade do momento. Serve para orientar o público sobre a cultura e a direção da casa.

Exemplos
- **Espiritismo em movimento – fique por dentro.** ADE-PR – Associação dos Divulgadores Espíritas do Paraná campanha nacional de estímulo para leitura e assinatura de jornais e revistas espíritas. 2001.
- **Fora da caridade não há salvação.** Frase da codificação semelhante a um *slogan*.
- **Sim à vida.** Campanha em defesa da vida, Federação Espírita Brasileira.
- **Comece pelo começo.** Campanha USE-União das Sociedades Espíritas do Estado de São Paulo. 1975.
- **Em prol de um mundo melhor.** Rede Boa Nova de Rádio. 1975.
- **Educação começa no berço.** Centro Espírita Allan Kardec.
- **Compartilhando saúde.** Instituto Espírita Batuíra de Saúde Mental.
- **O amor verdadeiro é feito de doações!** Creche Irmã Elvira.
- **A melhor escola ainda é o lar.** USE, campanha sobre a integração da família. 1980.
- **Viver em família – aperte mais esse laço.** Campanha da USE. 1993.

Internamente, a casa espírita deve ter um sistema de comunicação visual para orientação do seu público. Sinalizar as diversas salas e suas atividades, os banheiros, entrada, saída, biblioteca, livraria etc. Faz falta a manutenção de um bom mural, com as ati-

vidades desenvolvidas na casa, seus responsáveis, dias e horários, telefone e e-mail para contato, bem como as campanhas e eventos.

O conteúdo da comunicação espírita é mais importante. O que o centro espírita está comunicando sobre o espiritismo deve ter constante atenção de todos os envolvidos. Ele deve estar seguro de que comunica as ideias e o conhecimento espírita a partir das obras de Kardec, da literatura espírita contemporânea de Kardec, das obras mediúnicas e não mediúnicas consideradas não conflitantes com a codificação. Parece o óbvio, mas no dia a dia vemos sendo transmitido um espiritismo pessoal, aquele que destaca mais as opiniões do expositor, dirigente ou do mentor da casa; um espiritismo muitas vezes místico privilegiando a devoção, a contemplação, o sobrenatural; um espiritismo superficial e dogmático que evidencia ideias e raciocínios pela autoridade dos autores e não pelas explicações doutrinárias corretas; ou um espiritismo deslumbrado que insiste em dar explicações simplistas para todos os casos e situações.

Deve ter o cuidado de apresentar a doutrina espírita sem privilegiar apenas um dos seus três aspectos: filosófico, científico e moral ou religioso. O conjunto representa o equilíbrio necessário para não gerar distorções. Podemos perceber no movimento espírita dois desvios principais e perigosos para a continuidade do espiritismo como ele foi proposto.

Em um deles, a filosofia é ressaltada em demasia, transformando centros em escolas, completamente afastados da mediunidade. Em outro, a religiosidade impera, transformando centros em verdadeiras igrejas, com orações católicas, visão de céu e inferno, referências a Jesus como divindade, passes semanais obrigatórios e a prática da caridade como objetivo único em detrimento do estudo doutrinário.

Todas essas manifestações deturpadas do espiritismo tendem a perdurar em razão da falta de estudo e pela total liberdade existente na criação de casas espíritas, sem nenhum controle do que se faz e se comunica. Todavia, se nada for feito para alertar e esclarecer, essa situação tende a piorar, podendo chegar a desfigurar a doutrina na sociedade.

A forma de se comunicar também é importante

Um ótimo conteúdo pode ser minimizado, dificultado ou até deturpado o seu entendimento pela forma como foi comunicado. São muitos os elementos que compõem a forma na comunicação verbal, como os gestos, a expressão corporal, o olhar, o timbre, o ritmo, o volume e a entonação da voz. Na comunicação escrita temos: pontuação (exclamação, reticências etc.), fonte, negrito, itálico, sublinhado, as cores, o espaçamento, as imagens, as legendas etc. Eles podem valorizar o que está sendo comunicado, ressaltar, dar a emoção apropriada, demonstrar credibilidade, dúvida, certeza, ou criar conflito com o que está sendo comunicado, gerando desconfiança ou confusão.

Um aspecto importante da forma é o tom da comunicação. Existem infinitas maneiras de uma pessoa se expressar. A personalidade e a cultura da sociedade são fatores que influenciam o tom utilizado por uma pessoa, para cada tipo de mensagem, assunto ou público.

Existem tons que, em geral, prejudicam a comunicação, particularmente a espírita. São alguns deles:

Arrogante – característica daquele que se acha superior.

Agressivo – próprio de quem quer vencer pela força.

Ameaçador – que usa o medo para impor uma ideia.

Defensivo – próprio de quem se sente ofendido ou atacado.

Devocionista – demonstra excesso de zelo religioso, manifestação afetada da religiosidade.

Dissimulado – que esconde outras intenções e desejos.

Inflexível – que não aceita ideias diferentes das suas.

Mordaz – quando excessivamente rigoroso no modo de criticar ou enxergar as coisas.

Piegas – característica de quem exagera no sentimentalismo.

Pseudo humildade ou bondade – quando se quer passar uma imagem e se torna exagerado ou artificial.

Triunfalista – atitude de quem acha que as outras crenças estão todas erradas.

A comunicação no centro espírita, sobretudo nas palestras, deve utilizar o tom amigável sem ser íntimo ou vulgar, otimista sem ser alienado, crítico com ponderação, tranquilo demonstrando segurança, didático sem ser professoral, crível sem o uso de falácias e apelações emocionais, sério sem ser austero, mais informal do que formal, com um toque de humor e alegria.

As palestras ocorrem pelo menos quatro vezes por semana em todos os centros do Brasil, estimados em cerca de doze mil. Atingem um público mínimo de quase cinco milhões de pessoas por mês. É um forte canal de comunicação.

O público das palestras é constituído de trabalhadores, frequentadores novos e antigos que, em geral, apresentam a seguinte proporção:
10 a 20% de trabalhadores
85 a 70% de frequentadores habituais
05 a 10% de frequentadores novos
Quase a totalidade é formada por simpatizantes e espíritas. Pessoas não interessadas em questionar ou interpor uma ideia diferente. Boa parte desse público está em uma situação psicológica favorável para acreditar, pois esperam ajuda espiritual e receiam, que qualquer atitude investigativa possa comprometer os resultados esperados.

É um público não acostumado a colocar uma ideia nova, comparar e identificar incoerências. A maioria não leu as obras básicas ou conseguiu assimilar sua essência e tem apenas uma noção esparsa de algumas ideias e conceitos espíritas, confundindo com outros conceitos pseudoespíritas.

Essa situação acaba por deixar os palestrantes com pouca motivação para aprofundar seus estudos e melhorar sua técnica expositiva, pior, ficam tendentes a apresentar suas próprias ideias, geralmente distanciadas dos postulados espiritistas, iludidos pela sensação de prestígio e superioridade intelectual que a tribuna inspira. Isso favorece a transmissão de conceitos e explicações simplistas distorcidas ou mesmo equivocadas.

Os frequentadores constituem a maior parte do público

que vai ao centro espírita. Eles se caracterizam por serem mais simpatizantes das ideias espíritas, do que propriamente espíritas. São diversas as razões que os levam à casa espírita, que devem ser alvo de periódicas pesquisas, predominando, contudo, o desejo de receber uma orientação e uma ajuda espiritual ou física.

Raros possuem interesse em conhecer e compreender as respostas das eternas perguntas: quem somos? De onde viemos? Para onde vamos? Deus existe? A vida tem um propósito? O destino já está definido?

Comunicação com sentimento
Toda comunicação possui uma carga emocional que pode auxiliar ou dificultar o entendimento da parte racional. É essa parte que responde pela motivação, vontade, simpatia/antipatia e indiferença/consideração, presentes em todas as relações.

Para o espiritismo, o pensamento é uma exteriorização mental (ondas e partículas), contendo duas partes inseparáveis: racional e emocional, sendo que a parte emocional é que determina sua qualidade.

As emoções consideradas negativas também são úteis para o aprendizado, mas devem ser sublimadas paulatinamente.

O amor é a emoção primária que possui muitos níveis, e o espírito gradativamente vai vivenciando graus cada vez maiores no seu processo evolutivo. O sentimento pode ser considerado como um alimento do espírito que está sempre sendo intercambiado gerando diferentes estados entre positivo e negativo.

Cuidado com exageros, querer transmitir uma determinada imagem, diferente da realidade, cria um comportamento artificial que é captado pelo inconsciente das pessoas e as induz a uma atitude de recusa da mensagem, comprometendo a comunicação. A maneira de garantir a transmissão de bons sentimentos é agir não só por ideal que, isoladamente, pode favorecer a intransigência, mas também por amor que é naturalmente condescendente sem precisar ser permissivo. O amor contagia o idealismo aumentando a motivação e a dedicação ao trabalho.

Comunicação e mediunidade
O centro espírita é o lugar onde a mediunidade pode ser ensinada, desenvolvida e aplicada com segurança da integridade pessoal do médium e respeito ao público usuário, gerando benefícios recíprocos.

Contudo, por incrível que pareça, os centros não sabem o que fazer com muitos tipos de mediunidade. Médiuns de psicofonia encontram oportunidade apenas quando a casa possui trabalho de desobsessão. Médiuns de psicografia acabam não tendo oportunidade de aplicar sua mediunidade, a não ser que produza livros. São menores ainda as chances de emprego de outros tipos de mediunidade menos frequentes, a não ser que o centro enverede pelas cirurgias e reuniões para demonstração dos fenômenos de efeitos físicos. A mediunidade de psicopictogravura costuma ter abrigo visando demonstrações que mais prejudicam que beneficiam o espiritismo, considerando a baixa qualidade de muitas obras.

Sabendo que a mediunidade não surge por acaso e que deve ter um emprego útil e ético, o centro espírita deve fazer um esforço para saber orientar, educar e aplicar as diversas mediunidades conforme os ensinamentos doutrinários. A reunião pública, por exemplo, poderia ter uma manifestação mediúnica para o público conhecer como o espiritismo trata o assunto, de até cinco minutos complementando o tema da palestra. Caso o centro não tenha um médium psicofônico confiável para essa tarefa, pode se servir de um médium de psicografia com a precaução de verificar o teor da mensagem antes de ler para o público.

Principais canais de comunicação
Inúmeros são os veículos de comunicação que a casa espírita pode utilizar para atingir seus objetivos. O importante é usar bem, plenamente, tirar o melhor resultado.

- Padrão de atendimento telefônico
- Clipping (seleção de matérias de jornais para circulação interna)
- Adesivos
- Apoio
- Patrocínio
- Atendimento fraterno
- Entrevistas

- Audiovisual
- Anúncio
- Banner
- Faixa
- Display
- Artigo
- Boletim
- Brinde
- Marcador de livro
- Ímãs
- Brochura
- Camisetas
- Cartaz

- Catálogo
- Comunicação visual
- Identidade visual
- Personagem
- Crachá
- Embalagem
- Mensagem sonora
- Gravação telefônica
- Protetor de tela
- Mural
- Painel
- Fachada

- Placa
- Demonstração
- Entretenimento
- Evento
- Exposição
- Feira
- Folheto
- Homepage
- Grupos eletrônicos
- E-mail
- Mala direta
- Biblioteca
- Livraria
- Mídia espírita
- Mídia não espírita
- Palestra
- Avisos orais
- Concurso
- Sorteio
- Prêmio
- Programa de fidelização
- Treinamento de trabalhadores
- Programa de integração
- Publicação
- Relações com a comunidade
- Relatório
- Release
- Central de atendimento
- Telemarketing
- Slogan
- Vídeo

Comunicação e cultura organizacional

Toda organização detém comportamentos, conhecimentos e saber-fazer próprios, o que caracteriza a cultura organizacional. Os comportamentos das pessoas que atuam na mesma organização são adquiridos e transmitidos por meio de um processo de aprendizagem que ocorre com os relacionamentos por meio de diferentes formas de comunicação. Por isso, a comunicação é fundamental entre os grupos para facilitar e otimizar a coordenação e a cooperação, consequência natural da simples compreensão de que conversando as pessoas conseguem resolver problemas e melhorar resultados.

Valores e ideais comuns devem ser identificados, pois ajudam a união dos grupos, e a comunicação se torna muito mais eficaz, quanto melhor for a qualidade das relações estabelecidas, não só entre as pessoas dos diferentes públicos internos, como entre a organização e as pessoas.

A cultura de uma organização vai se delineando naturalmente por meio da interação dos grupos com a personalidade da organização, que também sofre influências e se modifica. Os grupos se relacionam, desenvolvendo formas de pensar e agir consideradas mais adaptadas à organização, desenvolvendo e consolidando a sua cultura.

A organização que deseja garantir sua efetividade deve ir além de um sistema técnico voltado à produção. Deve dirigir seu esforço para conhecer sua força de trabalho, seus comportamentos, formas de agir e ser.

A comunicação eficaz requer confiança e comprometimento, tendo o poder de criar valores e direcionar a própria organização. Ela se manifesta a partir do momento em que o público interno entende, deseje, aceite, participe e desempenhe um comportamento que gere a mudança desejada pela organização.

O reconhecimento de que muitos valores pessoais são também valores da organização gera confiança recíproca e predispõe os indivíduos a um nível superior de colaboração. As pessoas passam a entender que fazem parte de uma vida em comum: a organização, e que possuem ou deveriam possuir os mesmos interesses.

O sucesso de uma organização depende das habilidades de comunicação de sua força de trabalho. A organização que "ouve" seus colaboradores e consegue distinguir cada individualidade, entende e detecta e aproveita as diferenças de percepção entre os indivíduos, ocasiona um ambiente mais aberto e este ambiente faz com que sua força de trabalho tenha maior satisfação e produtividade.

Comunicação e cultura são fundamentais para todo o

sistema organizacional. A força de trabalho não deve apenas receber a informação, deve compreendê-la o melhor possível e se envolver com ela. Cada um deve alcançar o entendimento de que ele é parte importante e fundamental da organização. Dessa compreensão desperta naturalmente o compromisso com os ideais comuns e desencadeia comportamentos que contribuem efetivamente para os objetivos da organização.

A conquista da participação consciente dos indivíduos, por meio de grupos de trabalho cooperativos, no esforço para a realização de objetivos comuns, humanos e organizacionais, depende da mentalidade e da tônica na atuação dos dirigentes e dos voluntários que trabalham com a comunicação.

A grosso modo, podemos distinguir uma organização conservadora, com problemas de gestão e comunicação, geralmente mais voltadas para o passado, para suas atividades do modo como elas sempre foram feitas, receosas de novidades, daquelas mais voltadas para seus clientes, preocupadas em oferecer serviços com melhor resultado. Veja:

Organizações conservadoras
Atuam por tradição ou hábito.
Encaram as atividades com senso de dever e seriedade.
Evitam assumir a responsabilidade de suas ações.
Dividem o mundo entre "pessoas boas e más".
Veem as relações interpessoais como competitivas e dispersivas.
Usam normas internas como leis inflexíveis.

Organizações abertas
Atuam sempre buscando prestar o melhor serviço.
Encaram as atividades como uma oportunidade de servir melhor seus clientes.
Estão alertas em relação às suas fortalezas e debilidades.
Assumem a responsabilidade pelas suas ações.
Veem as relações interpessoais como cooperativas e eficazes.
Usam normas e manuais como um guia para esclarecer e comunicar.

Toda organização influencia o modo das pessoas perceberem e entenderem a ideologia que propaga.

Oportunidade para o público falar
Por força da cultura espírita, a maioria dos centros possui as mesmas atividades, independentemente das características e necessidades locais. A reunião de desobsessão é um bom exemplo, estão sempre voltadas para o esclarecimento dos espíritos, raramente para o esclarecimento dos obsidiados.

É comum para o frequentador que visita várias casas verificar que não há espaço para ele falar. Algumas dispõem de uma entrevista inicial, mas quem frequenta quer falar, desabafar, perguntar, pedir uma orientação. A boa comunicação é o diálogo com as partes interagindo tanto como emissores como receptores.

As casas espíritas devem criar oportunidades para ouvir seus frequentadores e trabalhadores. Criar um canal de comunicação direta com o presidente, receber críticas e sugestões, ouvir as necessidades individuais na vivência do espiritismo e oferecer orientação doutrinária e institucional, oferecer um simples e-mail da casa que muitas homepages omitem, ter um serviço de informações, são algumas práticas que colaboram para servir melhor e aperfeiçoar o processo de comunicação.

Conclusão

Divulgar uma religião com o objetivo de assegurar que todos compreendam precisamente seus postulados possui uma complexidade muito maior do que apenas transmitir algum conhecimento. Isso porque, o entendimento de qualquer religião está intimamente ligado ao sentir. A fé, por exemplo, que é um aspecto inerente de todas as religiões, está mais baseada no sentir do que no raciocinar. O fato de o espiritismo orientar que sua fé deva ser raciocinada, não quer dizer que ela não prescinda dos sentimentos, mas que os objetos de fé também devam ser alvo da razão, da lógica, do questionamento, buscando alcançar o melhor entendimento, mesmo nessa área ainda muito nebulosa.

O universo ainda desconhecido dos sentimentos está mais associado a outro igualmente pouco conhecido que é a intuição. É ela que interage primeiro na aceitação e compreensão de uma religião. Os diferentes conhecimentos e experiências que caracterizam cada pessoa, com suas diferentes percepções do mundo tangível e do imaginário, fazem com que não possam existir duas pessoas com a mesma compreensão de uma religião.

O espiritismo não é uma religião no entendimento comum ou tradicional que se tem delas. É uma doutrina cuja filosofia trata e direciona as pessoas para a busca de um melhor entendimento acerca de si mesma, de sua origem, de seu destino, de seu propósito, sobre o Criador e as leis que instituiu para assegurar a evolução de toda a criação na gradativa conquista de bem-estar e felicidade.

O espiritismo não exige declaração de adesão, a obediência de regras, a aceitação incondicional de princípios ou dogmas, nem repudia no homem suas imperfeições que fazem parte do aprendizado natural, mas propõe um trabalho objetivo e pessoal para sua transformação.

O modo de compreender envolve o sentir, assim como a irradiação mental é composta de sentimento e razão. O entendimento sobre o amor, a amizade, a humildade, o orgulho, o egoísmo, a vaidade variam como variam o universo das pessoas.

Para o espiritismo, que não é uma doutrina acabada, pronta, faz mais sentido adotar a comunicação na sua concepção mais profunda, que parte do princípio que todos têm algo a contribuir e que a verdade é gradativa e está distribuída em todas as filosofias, doutrinas, ciências e religiões.

O atual mundo das organizações não mais admite a postura interesseira de querer impor sua visão sem permitir ou dar atenção aos diferentes públicos envolvidos. As pessoas estão aprendendo a questionar, a exigir respeito e a participar influenciando e modificando conscientemente decisões do governo e das instituições, isto é, assumindo sua posição de cidadão responsável pelo andamento da vida em sociedade.

O ciberespaço (universo digital) contribuiu fortemente para uma mudança cultural, onde se exige informação de qualidade, onde as pessoas formam redes de relacionamento influenciando umas às outras, transformando todos em agentes de mudança, formadores de opinião e permitindo a produção coletiva de conhecimento. A instituição espírita não pode ficar à margem dessa realidade, pelo contrário, tem de aproveitar a oportunidade para usar todo esse potencial a favor da comunicação espírita. A melhor comunicação de *marketing* é aquela espontânea, boca a boca, onde pessoas desinteressadas falam bem de organizações, produtos, serviços e de outras pessoas, gerando alta dose de credibilidade. Uma das formas de se conseguir isso é tratar os colaboradores da instituição como grandes comunicadores que disseminam espontaneamente informações valiosas que influenciam a imagem da organização junto ao público externo. O público interno de uma instituição é o externo para outra. Por isso, é essencial que a organização tenha um diálogo constante, sincero e respeitoso com os seus colaboradores, afastando-se de qualquer tentativa de manipulação ou estímulo à alienação. Tudo isso é exercício de discernimento em favor da doutrina e das pessoas.

FALÁCIAS

Você deve estar consciente dos erros de raciocínio que os outros empregam para tentar convencê-lo, e de seus próprios deslizes ao procurar persuadir alguém

As falácias são estudadas na Lógica, que é a parte da filosofia que trata das formas do pensamento em geral e das operações intelectuais como recursos para se alcançar a verdade. Falácia é um argumento ou raciocínio inconsistente, concebido com o objetivo de mostrar uma verdade ilusória, pois, embora possa aparentar estar de acordo com as regras da lógica, apresenta, na realidade, uma estrutura interna incorreta que produz conclusões incorretas. A maioria das falácias das pessoas não é conscientemente deliberada. São consequências de falhas de lógica na construção de raciocínios ou de manobras inconscientes com a finalidade de convencer a qualquer custo.

É comum ouvirmos pessoas que nunca estudaram lógica, dizerem "é lógico!" ou "Isso não tem nenhuma lógica!". Essa reação denuncia que a ideia de lógica em sua essência, faz parte do entendimento coletivo. As pessoas compreendem que para chegar a alguma conclusão, é preciso construir um conjunto de raciocínios que façam sentido, que sejam consistentes, que estejam ligados entre si, um complementando o outro.

Você não acredita em tudo que lê e ouve. Usamos como critério básico, verificar se as informações são verdadeiras e se a conclusão está correta. Quanto mais esclarecida a pessoa, mais recursos ela utiliza para analisar uma afirmação, um argumento, verificar se é verdadeiro e, somente depois, concordar com ele. Bom, tá certo, temos a tendência de decidir apressadamente sobre um assunto, quando somos favoráveis a ele ou à pessoa que o formulou. Isso lembra que precisamos nos vigiar para não correr riscos desnecessários.

Quando você precisar convencer alguém sobre alguma coisa, vai ter que recorrer às informações e argumentações. Aí, todo cuidado será pouco. Todos nós temos o impulso irresistível para agir como se os meios justificassem o fim. Isto é, buscamos todas as formas que nos vêm à mente para argumentar e alcançar o objetivo de convencer. Assim, poderemos "ganhar", embora às vezes, nossa consciência possa ficar um pouco incomodada.

Veja a seguir alguns exemplos de falácias.

Circunstancial – aquela que evita analisar os argumentos centrais de uma ideia, substituindo por outras razões que não fazem parte do conteúdo da ideia apresentada. Exemplo: O diretor deve aprovar este relatório porque ele é parte do relatório anterior que já foi aprovado pela diretoria.

Argumento pela ignorância – aquele que tenta provar alguma coisa simplesmente por que ninguém provou o contrário. Exemplo: Discos voadores existem pois ninguém ainda foi capaz de provar que não existem.

Apelo à piedade – quando se procura despertar as emoções para obter determinado resultado. Exemplo: Não devemos reduzir a verba prevista para os hospitais públicos, pois são os únicos lugares em que podem recorrer as pessoas humildes, as crianças e os idosos.

Transferência de credibilidade – quando se usa o pensamento de alguém famoso e bem quisto para convencer. Muitas vezes esse pensamento é retirado de outro contexto e nada tem a ver com a nova proposição. Exemplo: Isso de buscar ser herói é besteira. Eintein já dizia "detesto com todas as forças o heroísmo." Contra-argumento: a frase é parte de uma ideia com sentido oposto, veja: "Detesto com todas as forças o heroísmo obrigatório, a violência gratuita e o nacionalismo exacerbado. A guerra é a coisa mais desprezível que existe. Preferia deixar-me assassinar a participar desta ignomínia."

Apelo à autoridade errada – se recorre a um pensamento de pessoa famosa para provar algo fora de sua especialidade. Exemplos: Madonna prefere uma decoração futurista nas residências. É o perfume preferido de Sandra Bullock. Contra-argumento: elas não são entendedoras ou especialistas em decoração e perfumaria.

Acidente – que se generaliza a partir de um caso ou situação cujas circunstâncias impedem a aplicação de uma proposição geral. Exemplo: Todos os jogos de computador que contenham violência são nocivos às crianças. Contra-argumento: depende da violência e da idade da criança.

Ofensiva – em vez de tentar refutar o argumento, ataca a pessoa que fez a afirmação. Exemplo: Como uma pessoa que já foi alcoólatra pode falar de falta de moral nas atitudes das pessoas dessa comunidade?

Afirmações isoladas – quando se usa duas ou mais afirmações válidas isoladamente, mas que uma não necessariamente justifica a outra. Exemplo: A Microsoft é a empresa mais eficaz do mundo, pois Bill Gates é o homem mais rico do mundo.

São inúmeras as possibilidades de construir uma falácia. Para fugir delas, teste seus argumentos. Analise a contribuição para as ideias centrais. Verifique se há informação suficiente para se chegar à conclusão clara e honesta. Fique alerta e desarmado para analisar a real necessidade dos exageros, apelos emocionais e ironias.

A COMUNICAÇÃO EXTERNA

A divulgação das ideias espíritas para não espíritas exige cuidados especiais

Divulgar ideias espíritas para o público considerado externo é tarefa de que todos podem se ocupar, particularmente as instituições espíritas, por meio de cartazes, *site*, vídeos, apresentações em *powerpoint*, boletim e outras mídias.

Um cuidado fundamental é transmitir a ideia sem a roupagem espírita, isto é, sem a linguagem antiga dos livros da codificação, sem os termos antiquados, apenas a essência da ideia com a vestimenta atual. Calma, isso não é nenhuma infidelidade com os autores ou com a doutrina. É apenas uma medida para atingir mais pessoas com a comunicação. Depois elas serão remetidas naturalmente para as obras básicas.

Toda comunicação destinada a um determinado público altera a imagem da instituição e de seu produto ou serviço. Por isso precisa ser bem planejada, ter definidos seus objetivos, os canais de veiculação, a duração e as ações de reforço com ajuda de outras mídias. Vale a pena testar em um público piloto e avaliar as reações antes de lançar a campanha definitiva.

A mensagem deve ser curta e ter o poder de chamar a atenção, despertar o interesse do leitor e fazê-lo pensar no assunto. Isso se consegue com textos e imagens originais. Mais abaixo seguem alguns exemplos de campanha para difundir as ideias espíritas instigando o interesse em conhecer mais sobre o espiritismo no público não espírita.

Nesse exemplo o texto das mensagens não remete a nenhum autor ou livro. Com o lançamento dos filmes *Chico Xavier* e *Nosso Lar*, a divulgação poderia se utilizar de frases do próprio Chico e do livro *Nosso Lar*, pois ambos seriam de conhecimento do grande público.

**Não se culpe. Trabalhe para o bem.
Existirão muitas oportunidades de reparação.**

Conheça as ideias espíritas.
Você vai gostar.

www.ideiasespiritas.org.br

.Não caia na tentação de querer explicar demais os conceitos espíritas. Isso mais vai confundir do que esclarecer.

Uma campanha não deve ter objetivo de instrução, mas de chamar a atenção a ponto de levar boa parte dos leitores a se interessarem em buscar mais sobre o assunto. Por isso, é fundamental remeter o público a um *site* da internet, como foi feito pela ADE-SP durante dois anos e agora está desativado.

O exemplo a seguir é bastante impactante, pois gera na mente do público uma surpresa positiva: que religião é essa que diz que ela própria não é o mais importante?

> **O mais importante não é a sua religião.
> É o seu modo de agir e pensar.**
>
> Conheça as ideias espíritas.
> Você vai gostar.
>
> www.ideiasespiritas.org.br

Em vez de falar no jargão espírita sobre "reforma íntima", o cartaz aborda a mesma coisa de forma mais palatável.

> **Deseja um mundo melhor?
> Comece por você.
> Cultive o autoaperfeiçoamento.**
>
> Conheça as ideias espíritas.
> Você vai gostar.
>
> www.ideiasespiritas.org.br

A essência do conhecimento espírita é a esperança, confiança no sistema divino. O exemplo abaixo demonstra isso.

> **Deus é amor.**
> **Você foi criado para vencer.**
> **Confie e trabalhe.**
>
> Conheça as ideias espíritas.
> Você vai gostar.
>
> www.ideiasespiritas.org.br

Em vez de falar logo de início sobre a lei de ação e reação, o cartaz a seguir procura abordar o conceito.

> **Trabalhe para o bem e aguarde.**
> **Seu futuro será mais feliz.**
>
> Conheça as ideias espíritas.
> Você vai gostar.
>
> www.ideiasespiritas.org.br

O cartaz a seguir incentiva o trabalho para o bem e valoriza o indivíduo promovendo sua autoestima.

> **Sua vida tem propósito!**
> **Deus não cria ao acaso.**
> **Viva bem. Viva para o bem.**
>
> Conheça as ideias espíritas.
> Você vai gostar.
>
> www.ideiasespiritas.org.br

Outra forma de despertar o otimismo e a fé em Deus.

> **Todos irão vencer!**
> **É uma questão de tempo.**
> **Não haverá perdas**
> **porque Deus é bondade.**
>
> Conheça as ideias espíritas.
> Você vai gostar.
>
> www.ideiasespiritas.org.br

Lembrar as pessoas que a perfeição do Criador não pode admitir acaso e coincidências.

> **Se Deus é perfeito, dor e sofrimento não ocorrem por acaso.**
>
> Conheça as ideias espíritas. Você vai gostar.
>
> www.ideiasespiritas.org.br

A casa espírita deve estar preparada para receber o retorno dessa ação que certamente vai gerar um aumento de novos visitantes, de telefonemas, de e-mails etc.

Os trabalhadores devem estar treinados para oferecer a melhor recepção com abordagem doutrinária sem apelar na adjetivação em favor do espiritismo, mas utilizando do raciocínio lógico.

COMUNICAÇÃO ASSERTIVA E SOLIDÁRIA

Sendo a comunicação uma troca, o ideal é buscarmos trocar o que temos de melhor de elementos intelectuais e emocionais.

Somos seres essencialmente comunicativos. Estamos sempre irradiando e captando assuntos de nosso interesse. A comunicação para nós é alimento da alma. No encontro comunicativo com os outros nós compreendemos gradativamente mais a realidade, identificando as diferenças de perceber o mundo, de pensar e sentir. Afetamos os outros e somos afetados, mudamos para melhor, ajudamos a transformar o meio em que vivemos.

A referência sobre o que comunicamos está em nosso interior e na realidade que percebemos do mundo. Todavia, até que ponto é real o que costumamos chamar realidade? Existirá só uma realidade?

A compreensão dessa dependência salutar torna claro que todos nós precisamos nos comunicar cada vez melhor, bem como precisamos gostar de pessoas e procurar lidar melhor com elas, pois é o único caminho para o nosso desenvolvimento e o da sociedade.

> *"É impossível não se comunicar: atividade ou inatividade, palavras ou silêncio, tudo possui um valor de mensagem. Todo o comportamento é uma forma de comunicação."* Paul Watzlawick (1921–2007) teórico da Teoria da Comunicação

Toda comunicação encerra três componentes que atuam tanto no emissor como no receptor. A intenção real, o conteúdo informacional e o sentimento com significados mentais e emocionais que revelam como as pessoas se sentem a respeito do assunto e sobre os outros envolvidos. Dessa forma, a comunicação pode produzir coisas boas, mas também problemas e conflitos, dependendo do modo como lidamos com ela.

> *"Existe no silêncio uma tão profunda sabedoria que às vezes ele se transforma na mais perfeita das respostas".* Fernando António Nogueira Pessoa (1888 – 1935), poeta português

Evitamos nos comunicar quando antevemos um conflito. Pensamos em um conflito como um problema, algo que deve, sempre que possível, ser evitado. O conflito surge quando não temos a mesma compreensão, a mesma dimensão ou a mesma emoção, e é exatamente aí que encerra uma oportunidade de aprendizado e crescimento. Por isso os conflitos fazem parte da convivência humana.

Quando a concepção e a importância que damos às pessoas, coisas e situações é imprópria, sub ou super dimensionada, ou somos tomados por sentimentos de indiferença, medo, desconfiança ou raiva, surgem os conflitos e problemas. As coisas do mundo não são problemas, nem dificuldades, mas carregam o significado, a importância e os sentimentos que elegemos para elas.

> *"Aquilo que você é, fala tão alto que não consigo ouvir o que você me diz"*. Ralph Waldo Emerson (1803 - 1882), filósofo

Comunicamos também por sinais subordinados a nossa vontade e outros que não estão sujeitos ao nosso controle e costumam ser percebidos e interpretados no plano inconsciente, como a dilatação da pupila, a alteração térmica e a transpiração. Esses sinais correspondem à comunicação não verbal.

A comunicação não verbal pode substituir a oral, como um meneio positivo de cabeça que expressa nossa concordância, pode também complementar a comunicação verbal quando dizemos "bom dia!" sorrindo e com os olhos brilhando. E, pode ainda contradizer a comunicação verbal quando dizemos "muito prazer" e mal tocamos no outro como se tivéssemos asco.

As percepções mais comuns não verbais revelam sentimentos que experimentamos em nossas relações, com maior ou menor intensidade:
• Falsidade – Sinceridade
• Confiança – Desconfiança

- Segurança – Insegurança
- Felicidade - Tristeza
- Ansiedade - Tranquilidade

Muitas vezes comunicamos não revelando claramente nossas intenções e sentimentos. Isso é de conhecimento geral e contribui para valorizar mais os sinais não verbais, do que a comunicação verbal. Na dúvida entre o significado captado da comunicação verbal e não verbal, as pessoas preferem confiar mais na mensagem silenciosa, em cuja expressão parece expressar maior autenticidade. Quando nossa comunicação é sincera e harmônica com os sinais não verbais, nosso poder de persuadir e transmitir boas emoções são significativamente ampliados.

As frases discriminatórias a seguir são exemplos de comunicação agressiva, caracterizadas por uma entonação e sinais não verbais próprios.

- Você é mesmo difícil... Não consegue aprender as coisas mais simples! Até uma criança faz isso... e só você não consegue!
- É melhor você desistir! É muito difícil e isso é pra quem tem garra! Não é para gente como você!
- Lugar de doente é no hospital... Aqui é pra trabalhar.
- Para que você foi ao médico? Qualquer probleminha vira uma doença para você? Acha que pode faltar com uma desculpa dessa?
- Como você pode ter um currículo tão extenso e não conseguir fazer uma coisa tão simples?
- Vou ter de arranjar alguém que tenha uma memória normal, pra trabalhar comigo, porque você... Esquece tudo!

- Ela faz confusão com tudo... Está sempre com a cabeça na Lua!

A agressividade ou a violência na comunicação é quando uma pessoa impõe um poder sobre a outra. É diferente do conflito, quando há uma interação equilibrada de poderes. As causas de agressividade sempre passam pelas imperfeições psicológicas e morais, gerando sentimentos fortes difíceis de lidar.

A comunicação tem sempre uma finalidade social e deveria ser exercida para promover a felicidade e o bem geral da sociedade, auxiliando os indivíduos a se relacionarem melhor e a progredirem. Seu exercício deve estar fundamentado na ética da solidariedade, do respeito pelos outros e pela liberdade de expressão com responsabilidade.

Uma comunicação assertiva significa emitir uma mensagem seguindo um objetivo, com coerência entre sentimentos, pensamentos e atitudes. A assertividade se opõe à passividade quando a pessoa está insegura e tem receio de se colocar. Opõe-se também à agressividade, quando a pessoa se expressa com uma carga emocional muito forte, igualmente não levando ao atingimento de bons resultados. O que se obtém com a assertividade é, principalmente, o controle das emoções negativas, sem impedir sua expressão.

Ser solidário ou humanizar é ter vontade de contribuir com o outro de forma ética (o sentimento e o conhecimento), reconhecendo os interesses e limites de cada um. A solidariedade ou a humanização é considerada como em oposição à violência física ou psicológica, como o assédio moral que é a exposição a situações humilhantes e constrangedoras, repetitivas e prolongadas, ou a humilhação que é um sentimento negativo de ser ofendido, menosprezado, inferiorizado, constrangido ou ultrajado.

Saber ouvir faz parte da comunicação solidária e assertiva. O comunicador deve ouvir com respeito e interesse, prestando atenção não só nas palavras, mas no olhar, na entonação, no ritmo e nos sinais não verbais de forma a complementar a leitura e entendimento da comunicação.

Saber discordar com educação, defender com respeito, mas também com firmeza quando necessário, também faz parte de uma comunicação assertiva e solidária. Há muitas colocações baseadas em sofismas no movimento espírita que querem levar os espíritos para uma posição de tudo permitir em nome do amor.

São muitas as vantagens de se manter uma comunicação solidária e assertiva. O ambiente fica melhor propiciando maior produtividade e qualidade com criatividade e inovação. As pessoas criam laços de afeto e amizade ganhando sinergia para enfrentar e vencer as dificuldades.

A solidariedade sozinha contribui para relações amistosas, mas carece de objetividade, direção e segurança que são os atributos da assertividade. A falta de assertividade causa conflitos, mal entendidos e baixa eficácia. Considere, por exemplo: Quantas vezes você deixou de dar sua opinião? Quantas vezes você disse "sim" quando queria dizer "não"? Quantas vezes você fez algo mesmo não concordando que deveria ser feito? Quantas vezes você deixou de pedir ajuda a alguém? Fazer uma crítica?

Você pode ser eficaz na sua comunicação sem precisar ser agressivo, basta ser solidário e assertivo. Uma comunicação solidária é aquela que dignifica o homem e produz resultados mais duradouros. Podemos produzir uma comunicação solidária, mantendo honestas e boas nossas intenções, o que certamente implicará em emoções positivas e palavras construtivas. Para isso, devemos buscar compreender e amar ao próximo, uma vez que esses sentimentos produzem uma comunicação não verbal solidária e ajudam a produzir uma comunicação verbal igualmente humanitária. Qual o nível de troca que conseguimos ou queremos fazer? Comunicar com qualidade exige decidir o que queremos trocar, colocar em comum e o nosso empenho de fazê-lo. Vamos trocar o que temos de melhor e o benefício será geral.

Conheça também

Viva bem sem depressão
Severino Barbosa
- 14x21cm • 144 p. • Autoajuda

Ensina como é possível substituir cada um dos sentimentos inferiores – medo, culpa, inibição, amargura, frustração e tantos outros – por sentimentos de reconhecimento a Deus e de gratidão por nos proporcionar sempre novas oportunidades. Apresenta ainda um 'antídoto' contra a depressão, com 60 conselhos úteis.

Seja feliz - diga não à depressão
Elaine O. C. Aldrovandi
- 14x21 cm • 160 p. • Autoajuda

Falar sobre Depressão não é falar de uma doença qualquer, mas sim, falar das dores da alma humana. Ao ler esse livro você fatalmente fará uma viagem para dentro de si mesmo e começará a ver a vida com outros olhos, porque compreenderá onde estão as raízes do seu sofrimento.

Depressão, doença da alma – As causas espirituais da depressão
Francisco Cajazeiras
- 14x21 cm • 208 p. • Doutrinário

Quatrocentos milhões de pessoas no mundo sofrem de depressão, apontam as estatísticas.
O que é a depressão?
Como diagnosticar o mal? Quais as perspectivas futuras? Quais as possibilidades terapêuticas? É possível preveni-la?
Neste livro, o médico Francisco Cajazeiras procura responder a essas perguntas e esclarecer dúvidas sobre a doença, mergulhando nas suas causas mais profundas – as espirituais –, sem misticismo e sem apelar para o sobrenatural, senão para a lógica e o raciocínio.

Conheça também

Doenças, cura e saúde à luz do espiritismo
Geziel Andrade
- 14x21 cm • 160 p. • Doutrinário

O leitor encontrará nesta nova edição uma reafirmação daqueles ensinamentos da Doutrina Espírita apresentados nas edições anteriores, mas também um enfoque maior nas recomendações que concorrem para a cura e a preservação da saúde, tanto da alma, quanto do perispírito e do corpo material.

Liberte-se da ansiedade
Severino Barbosa
14x21 cm • 112 p. • Autoajuda

A ansiedade, aquela que deixa nossas mãos suando, que faz o coração disparar e quase sair pela boca, que tira o sono e traz complicações gástricas, não é nada normal. "A ansiedade é enfermidade grave e a cura somente virá a longo prazo", afirma Severino Barbosa. Mas não se limita a apontar o mal. Aponta também o remédio – o Evangelho do Cristo. "Não vos inquieteis pelo dia de amanhã...", ensinou Jesus. "Mantenha a calma, cultive a paciência", repetem os instrutores espirituais na vasta literatura espírita de autoajuda. Está aí, portanto, em suas mãos, caro leitor, uma obra das mais úteis e edificantes, verdadeiro manual terapêutico para vencer esse monstro devorador da nossa paz interior.

Superando a ansiedade
Eulália Bueno
14X21 cm • 224 p. • Autoajuda

Nesta obra encontramos forças para resistir a frequentes investidas do mal, que encontra, constantemente, brechas em nosso psiquismo conturbado e pessimista, para agir a partir de nós. Num momento em que o planeta é sacudido por cataclismas de toda ordem, onde o ser encontra poucas razões para persistir no bem, a doçura de suas palavras nos mostra a necessidade de fortalecermos nossa fé e continuarmos lutando, sem nunca desistir de buscar a paz como único recurso de seguirmos adiante superando a ansiedade.

Conheça também

Criança quer saber...
Fátima Moura
20,5x20,5 cm • 108 p. • Infantil

As crianças, dentro da sua própria impetuosidade natural, questionam os adultos constantemente e, na maioria das vezes, somos pegos de surpresa pela curiosidade incessante do universo infantil. Tal é o teor deste trabalho, que destina-se a esclarecer pais, professores e evangelizadores através das perguntas mais frequentemente feitas pelas crianças e que aqui são respondidas com base na Doutrina Espírita. Ideal para ser usado também no culto do evangelho no lar ou em qualquer momento onde o estudo infantojuvenil espírita possa ser empregado de forma direta e objetiva.

Quando vier o perdão
Mônica Cortat
• 16x23 cm • 336 p. • Romance Mediúnico

Nesta trama que se passa na época do Brasil colônia, Rafael, um poderoso e rico senhor de engenho, deixa aos seus dois filhos grande fortuna em terras e gado. A irresponsabilidade de Roberto, que diferentemente de Olavo é ambicioso e fútil, quase os leva à falência. Entre lances comoventes e uma linda história de amor e renúncia, envolvendo capítulo a capítulo, é possível compreender que, em todas as situações de conflitos, a solução aparecerá somente quando vier o perdão.

Um novo olhar sobre o evangelho
Beatriz Pereira Carvalho
• 16x23 cm • 376 p. • Estudos e Cursos

Com novos olhos, abertos agora com o conhecimento espírita, aprendemos com facilidade todas as verdades contidas nas palavras de Jesus. Por meio desta leitura, novas luzes se farão presentes mostrando-nos a clareza e simplicidade de verdades eternas prontas para conduzir-nos a um estado permanente de paz. Inundemo-nos dessas verdades e construiremos em nós, e fora de nós, um mundo melhor. Vamos – venha conosco! A jornada dos Evangelhos é sempre uma reveladora viagem para os que nela embarcam.

Os mais vendidos da EME

Getúlio Vargas em dois mundos
Wanda A. Canutti (Espírito Eça de Queirós)
Biografia romanceada vivida em dois mundos
• 14x21 cm •300 p.

Getúlio Vargas realmente suicidou-se? Como foi sua recepção no mundo espiritual? Qual o conteúdo da nova carta à nação, escrita após seu desencarne? Saiba as respostas para estas e outras perguntas, agora em uma nova edição, com nova capa, novo formato e novo projeto gráfico.

O Evangelho segundo o Espiritismo
Allan Kardec – Trad. Matheus Rodrigues de Camargo, revisão de Celso Martins e Hilda Fontoura Nami
• 15,5 x 21,5 cm • 288 p.

Espíritas!, amai-vos, eis o primeiro ensinamento. Instruí-vos, eis o segundo. Todas as verdades são encontradas no Cristianismo; os erros que nele criaram raízes são de origem humana. E eis que, além-túmulo, em que acreditáveis o nada, vozes vêm clamar-vos: Irmãos! Nada perece. Jesus Cristo é o vencedor do mal; sede os vencedores da impiedade!

O Espírito de Verdade – O Evangelho segundo o Espiritismo

Mensagens de saúde espiritual
Wilson Garcia e Diversos Autores
• 10x14 cm • 124 p. • Meditação e autoajuda

A leitura (e releitura) ajuda muito na sustentação do nível vibratório elevado. Abençoadas mensagens! Toda pessoa, sã ou enferma, do corpo ou da alma, devia ter esse livreto luminoso à cabeceira e ler uma mensagem por noite.

Jorge Rizzini

Não encontrando os livros da EME na livraria de sua preferência, solicite o endereço de nosso distribuidor mais próximo de você através do Fone/Fax: (19) 3491-7000 / 3491-5449.
E-mail: vendas@editoraeme.com.br – Site:www.editoraeme.com.br